La collection
ROMANICHELS PLUS
est dirigée par
Josée Bonneville

Dans la même collection

Noël Audet, *L'ombre de l'épervier*, tome 1
    dossier présenté par Josée Bonneville
Jean-Paul Daoust, *L'Amérique*,
    dossier présenté par Claude Gonthier
Bertrand Gervais, *Gazole*,
    dossier présenté par Claude Gonthier et Bernard Meney
Louis Hamelin, *Betsi Larousse ou l'ineffable eccéité de la loutre*,
    dossier présenté par Julie Roberge
Micheline La France, *Le don d'Auguste*,
    dossier présenté par Raymond Paul
Hélène Rioux, *Le cimetière des éléphants*,
    dossier présenté par Alexandra Jarque
Treize contes fantastiques québécois,
    dossier présenté par Claude Gonthier et Claude Meney
Trois visions du terroir,
    dossier présenté par Josée Bonneville et André Vanasse

Trois poètes québécois

De la même auteure

L'analyse littéraire. Un art de lire et d'écrire, en collaboration avec Marie-Josée Dion, Mont-Royal, Modulo, 1997.

Émile NELLIGAN
Hector de
SAINT-DENYS GARNEAU
Anne HÉBERT

Trois poètes québécois

poésie

Romanichels
plus

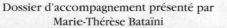
Dossier d'accompagnement présenté par
Marie-Thérèse Bataïni

XYZ
éditeur

Catalogage avant publication de Bibliothèque et Archives nationales du Québec et Bibliothèque et Archives Canada

Nelligan, Émile, 1879-1941

    Trois poètes québécois : poésie
    (Romanichels plus)
    Comprend des réf. bibliogr.
    Pour les étudiants du niveau collégial.
    ISBN 978-2-89261-493-0

    1. Poésie québécoise – 19e siècle. 2. Poésie québécoise – 20e siècle. 3. Poésie québécoise – Histoire et critique. I. Garneau, Saint-Denys, 1912-1943. II. Hébert, Anne, 1916-2000. III. Bataïni, Marie-Thérèse, 1945- . IV. Titre. V. Collection.

PS8295.5.Q8N44 2007   C841.008'09714   C2007-942195-4
PS9295.5.Q8N44 2007

La publication de cet ouvrage a été rendue possible grâce à l'aide financière du ministère du Patrimoine canadien par l'entremise du Programme d'aide au développement de l'industrie de l'édition (PADIÉ), du Conseil des Arts du Canada (CAC) et du ministère de la Culture et des Communications du Québec (MCCQ) par l'entremise de la Société de développement des entreprises culturelles (SODEC).

© 2007
Les Éditions XYZ inc.
1781, rue Saint-Hubert
Montréal (Québec)
H2L 3Z1
Téléphone : 514.525.21.70
Télécopieur : 514.525.75.37
Courriel : info@editionsxyz.com
Site Internet : www.editionsxyz.com

Dépôt légal : 4ᵉ trimestre 2007
Bibliothèque et Archives Canada
Bibliothèque et Archives nationales du Québec
ISBN 978-2-89261-493-0

Distribution en librairie :
Au Canada :
Distribution HMH
1815, avenue De Lorimier
Montréal (Québec)
H2K 3W6
Téléphone : 514.523.15.23
           1.800.361.16.64
Télécopieur : 514.523.99.69
www.distributionhmh.com
Droits internationaux : André Vanasse, 514.525.21.70, poste 25
          andre.vanasse@editionsxyz.com

En Europe :
DNM – Distribution du Nouveau Monde
30, rue Gay-Lussac
75005 Paris, France
Téléphone : 01.43.54.49.02
Télécopieur : 01.43.54.39.15
www.librairieduquebec.fr

Conception typographique et montage : Édiscript enr.
Maquette de la couverture : Zirval Design
Illustration de la couverture : Hector de Saint-Denys Garneau, *La liseuse*

ÉMILE NELLIGAN

Émile Nelligan en 1899

«Une vraie physionomie d'athlète : une tête d'Apollon rêveur et tourmenté, où la pâleur accentuait le trait net, taillé comme au ciseau dans un marbre. Des yeux très noirs, très intelligents, où rutilait l'enthousiasme ; et des cheveux, oh! des cheveux à faire rêver, dressant superbement leur broussaille d'ébène, capricieuse et massive, avec des airs de crinière et d'auréole. » (Louis Dantin)

Photo : Laprés et Lavergne.

L'ÂME DU POÈTE

Clair de lune intellectuel

Ma pensée est couleur de lumières lointaines,
Du fond de quelque crypte aux vagues profondeurs.
Elle a l'éclat parfois des subtiles verdeurs
D'un golfe où le soleil abaisse ses antennes.

5   En un jardin sonore, au soupir des fontaines,
Elle a vécu dans les soirs doux, dans les odeurs ;
Ma pensée est couleur de lumières lointaines,
Du fond de quelque crypte aux vagues profondeurs.

Elle court à jamais les blanches prétentaines,
10   Au pays angélique où montent ses ardeurs,
Et, loin de la matière et des brutes laideurs,
Elle rêve l'essor aux célestes Athènes.

Ma pensée est couleur de lunes d'or lointaines.

Mon âme

Mon âme a la candeur d'une chose étoilée,
        D'une neige de février…
Ah ! retournons au seuil de l'Enfance en allée,
        Viens-t-en prier…

5   Ma chère, joins tes doigts et pleure et rêve et prie,
        Comme tu faisais autrefois
    Lorsqu'en ma chambre, aux soirs, vers la Vierge fleurie
        Montait ta voix.

    Ah ! la fatalité d'être une âme candide
10 En ce monde menteur, flétri, blasé, pervers,
    D'avoir une âme ainsi qu'une neige aux hivers
    Que jamais ne souilla la volupté sordide !

    D'avoir l'âme pareille à de la mousseline
    Que manie une sœur novice de couvent,
15 Ou comme un luth empli des musiques du vent
    Qui chante et qui frémit le soir sur la colline !

    D'avoir une âme douce et mystiquement tendre,
    Et cependant, toujours, de tous les maux souffrir,
    Dans le regret de vivre et l'effroi de mourir,
20 Et d'espérer, de croire… et de toujours attendre !

Le Vaisseau d'Or

Ce fut un grand Vaisseau taillé dans l'or massif :
Ses mâts touchaient l'azur, sur des mers inconnues ;
La Cyprine d'amour, cheveux épars, chairs nues,
S'étalait à sa proue, au soleil excessif.

5   Mais il vint une nuit frapper le grand écueil
Dans l'Océan trompeur où chantait la Sirène,
Et le naufrage horrible inclina sa carène
Aux profondeurs du Gouffre, immuable cercueil.

Ce fut un Vaisseau d'Or, dont les flancs diaphanes
10   Révélaient des trésors que les marins profanes,
Dégoût, Haine et Névrose, entre eux ont disputés.

Que reste-t-il de lui dans la tempête brève ?
Qu'est devenu mon cœur, navire déserté ?
Hélas ! Il a sombré dans l'abîme du Rêve !

LE JARDIN DE L'ENFANCE

Devant mon berceau

En la grand'chambre ancienne aux rideaux de guipure
Où la moire est flétrie et le brocart fané,
Parmi le mobilier de deuil où je suis né
Et dont se scelle en moi l'ombre nacrée et pure ;

5   Avec l'obsession d'un sanglot étouffant,
Combien ma souvenance eut d'amertume en elle,
Lorsque, remémorant la douceur maternelle,
Hier, j'étais penché sur ma couche d'enfant.

Quand je n'étais qu'au seuil de ce monde mauvais,
10 Berceau, que n'as-tu fait pour moi tes draps funèbres ?
Ma vie est un blason sur des murs de ténèbres,
Et mes pas sont fautifs où maintenant je vais.

Ah ! que n'a-t-on tiré mon linceul de tes langes,
Et mon petit cercueil de ton bois frêle et blanc,
15 Alors que se penchait sur ma vie, en tremblant,
Ma mère souriante avec l'essaim des anges !

Devant le feu

Par les hivers anciens, quand nous portions la robe,
Tout petits, frais, rosés, tapageurs et joufflus,
Avec nos grands albums, hélas ! que l'on n'a plus,
Comme on croyait déjà posséder tout le globe !

5 Assis en rond, le soir, au coin du feu, par groupes,
Image sur image, ainsi combien joyeux
Nous feuilletions, voyant, la gloire dans les yeux,
Passer de beaux dragons qui chevauchaient en troupes !

Je fus de ces heureux d'alors, mais aujourd'hui,
10 Les pieds sur les chenets, le front terne d'ennui,
Moi qui me sens toujours l'amertume dans l'âme,

J'aperçois défiler, dans un album de flamme,
Ma jeunesse qui va, comme un soldat passant,
Au champ noir de la vie, arme au poing, toute en sang !

Ma mère

Quelquefois sur ma tête elle met ses mains pures,
Blanches, ainsi que des frissons blancs de guipures.

Elle me baise au front, me parle tendrement,
D'une voix au son d'or mélancoliquement.

5   Elle a les yeux couleur de ma vague chimère,
Ô toute poésie, ô toute extase, ô Mère !

À l'autel de ses pieds je l'honore en pleurant,
Je suis toujours petit pour elle, quoique grand.

Devant deux portraits de ma mère

Ma mère, que je l'aime en ce portrait ancien,
Peint aux jours glorieux qu'elle était jeune fille,
Le front couleur de lys et le regard qui brille
Comme un éblouissant miroir vénitien !

5   Ma mère que voici n'est plus du tout la même ;
Les rides ont creusé le beau marbre frontal ;
Elle a perdu l'éclat du temps sentimental
Où son hymen chanta comme un rose poème.

Aujourd'hui je compare, et j'en suis triste aussi,
10 Ce front nimbé de joie et ce front de souci,
Soleil d'or, brouillard dense au couchant des années.

Mais, mystère de cœur qui ne peut s'éclairer !
Comment puis-je sourire à ces lèvres fanées ?
Au portrait qui sourit, comment puis-je pleurer ?

Le jardin d'antan

Rien n'est plus doux aussi que de s'en revenir
Comme après de longs ans d'absence,
Que de s'en revenir
Par le chemin du souvenir
Fleuri de lys d'innocence,
Au jardin de l'Enfance.

Au jardin clos, scellé, dans le jardin muet
D'où s'enfuirent les gaietés franches,
Notre jardin muet
Et la danse du menuet
Qu'autrefois menaient sous branches
Nos sœurs en robes blanches.

Aux soirs d'Avrils anciens, jetant des cris joyeux
Entremêlés de ritournelles,
Avec des lieds joyeux
Elles passaient, la gloire aux yeux,
Sous le frisson des tonnelles,
Comme en les villanelles

Cependant que venaient, du fond de la villa,
Des accords de guitare ancienne,
De la vieille villa,
Et qui faisaient deviner là
Près d'une obscure persienne,
Quelque musicienne.

Mais rien n'est plus amer que de penser aussi
À tant de choses ruinées !
Ah ! de penser aussi,

Lorsque nous revenons ainsi
Par des sentes de fleurs fanées,
À nos jeunes années.

Lorsque nous nous sentons névrosés et vieillis,
Froissés, maltraités et sans armes,
Moroses et vieillis,
Et que, surnageant aux oublis,
S'éternise avec ses charmes
Notre jeunesse en larmes !

Ruines

Quelquefois je suis plein de grandes voix anciennes,
Et je revis un peu l'enfance en la villa ;
Je me retrouve encore avec ce qui fut là
Quand le soir nous jetait de l'or par les persiennes.

5   Et dans mon âme alors soudain je vois groupées
Mes sœurs à cheveux blonds jouant près des vieux feux ;
Autour d'elles le chat rôde, le dos frileux,
Les regardant vêtir, étonné, leurs poupées.

Ah ! la sérénité des jours à jamais beaux
10   Dont sont morts à jamais les radieux flambeaux,
Qui ne brilleront plus qu'en flammes chimériques :

Puisque tout est défunt, enclos dans le cercueil,
Puisque, sous les outils des noirs maçons du Deuil,
S'écroulent nos bonheurs comme des murs de briques !

AMOURS D'ÉLITE

Rêve d'artiste

Parfois j'ai le désir d'une sœur bonne et tendre,
D'une sœur angélique au sourire discret :
Sœur qui m'enseignera doucement le secret
De prier comme il faut, d'espérer et d'attendre.

5 *J'ai ce désir très pur d'une sœur éternelle,*
D'une sœur d'amitié dans le règne de l'Art,
Qui me saura veillant à ma lampe très tard
Et qui me couvrira des cieux de sa prunelle ;

Qui me prendra les mains quelquefois dans les siennes
10 *Et me chuchotera d'immaculés conseils,*
Avec le charme ailé des voix musiciennes ;

Et pour qui je ferai, si j'aborde à la gloire,
Fleurir tout un jardin de lys et de soleils
Dans l'azur d'un poème offert à sa mémoire.

Placet

Reine, acquiescez-vous qu'une boucle déferle
Des lames des cheveux aux lames du ciseau,
Pour que j'y puisse humer un peu de chant d'oiseau,
Un peu de soir d'amour né de vos yeux de perle ?

5   Au bosquet de mon cœur, en des trilles de merle,
Votre âme a fait chanter sa flûte de roseau.
Reine, acquiescez-vous qu'une boucle déferle
Des lames des cheveux aux lames du ciseau ?

Fleur soyeuse aux parfums de rose, lis ou berle,
10 Je vous la remettrai, secrète comme un sceau,
Fût-ce en Eden, au jour que nous prendrons vaisseau
Sur la mer idéale où l'ouragan se ferle.

Reine, acquiescez-vous qu'une boucle déferle ?

Châteaux en Espagne

Je rêve de marcher comme un conquistador,
Haussant mon labarum triomphal de victoire,
Plein de fierté farouche et de valeur notoire,
Vers des assauts de ville aux tours de bronze et d'or.

5   Comme un royal oiseau, vautour, aigle ou condor,
Je rêve de planer au divin territoire,
De brûler au soleil mes deux ailes de gloire
À vouloir dérober le céleste Trésor.

Je ne suis hospodar, ni grand oiseau de proie ;
10 À peine si je puis dans mon cœur qui guerroie
Soutenir le combat des vieux Anges impurs ;

Et mes rêves altiers fondent comme des cierges
Devant cette Ilion éternelle aux cent murs,
La ville de l'Amour imprenable des Vierges !

Beauté cruelle

Certe, il ne faut avoir qu'un amour en ce monde,
Un amour, rien qu'un seul, tout fantasque soit-il ;
Et moi qui le recherche ainsi, noble et subtil,
Voici qu'il m'est à l'âme une entaille profonde.

5 Elle est hautaine et belle, et moi timide et laid :
Je ne puis l'approcher qu'en des vapeurs de rêve.
Malheureux ! Plus je vais, et plus elle s'élève
Et dédaigne mon cœur pour un œil qui lui plaît.

Voyez comme, pourtant, notre sort est étrange !
10 Si nous eussions tous deux fait de figure échange,
Comme elle m'eût aimé d'un amour sans pareil !

Et je l'eusse suivie en vrai fou de Tolède,
Aux pays de la brume, aux landes du soleil,
Si le Ciel m'eût fait beau, et qu'il l'eût faite laide !

LES PIEDS SUR LES CHENETS

Soir d'hiver

Ah ! comme la neige a neigé !
Ma vitre est un jardin de givre.
Ah ! comme la neige a neigé !
Qu'est-ce que le spasme de vivre
5   À la douleur que j'ai, que j'ai !

Tous les étangs gisent gelés,
Mon âme est noire : Où vis-je ? où vais-je ?
Tous ses espoirs gisent gelés :
Je suis la nouvelle Norvège
10   D'où les blonds ciels s'en sont allés.

Pleurez, oiseaux de février,
Au sinistre frisson des choses,
Pleurez, oiseaux de février,
Pleurez mes pleurs, pleurez mes roses,
15   Aux branches du genévrier.

Ah ! comme la neige a neigé !
Ma vitre est un jardin de givre.
Ah ! comme la neige a neigé !
Qu'est-ce que le spasme de vivre
20   À tout l'ennui que j'ai, que j'ai !…

Hiver sentimental

Loin des vitres ! clairs yeux dont je bois les liqueurs,
Et ne vous souillez pas à contempler les plèbes.
Des gels norvégiens métallisent les glèbes,
Que le froid des hivers nous réchauffe les cœurs !

5   Tels des guerriers pleurant les ruines de Thèbes,
Ma mie, ainsi toujours courtisons nos rancœurs,
Et, dédaignant la vie aux chants sophistiqueurs,
Laissons le bon Trépas nous conduire aux Erèbes.

Tu nous visiteras comme un spectre de givre ;
10 Nous ne serons pas vieux, mais déjà las de vivre,
Mort ! que ne nous prends-tu par telle après-midi,

Languides au divan, bercés par sa guitare,
Dont les motifs rêveurs, en un rythme assourdi,
Scandent nos ennuis lourds sur la valse tartare !

Mazurka

Rien ne captive autant que ce particulier
Charme de la musique où ma langueur s'adore,
Quand je poursuis, aux soirs, le reflet que mordore
Maint lustre au tapis vert du salon familier.

5   Que j'aime entendre alors, plein de deuil singulier,
Monter du piano, comme d'une mandore,
Le rythme somnolent où ma névrose odore
Son spasme funéraire et cherche à s'oublier !

Gouffre intellectuel, ouvre-toi, large et sombre,
10   Malgré que toute joie en ta tristesse sombre,
J'y peux trouver encor comme un reste d'oubli,

Si mon âme se perd dans les gammes étranges
De ce motif en deuil que Chopin a poli
Sur un rythme inquiet appris des noirs Archanges.

VIRGILIENNES

Rêve de Watteau

Quand les pastours, aux soirs des crépuscules roux
Menant leurs grands boucs noirs aux râles d'or des flûtes,
Vers le hameau natal, de par delà les buttes,
S'en revenaient, le long des champs piqués de houx ;

5   Bohèmes écoliers, âmes vierges de luttes,
Pleines de blanc naguère et de jours sans courroux,
En rupture d'étude, aux bois jonchés de brous
Nous allions, gouailleurs, prêtant l'oreille aux chutes

Des ruisseaux, dans le val que longeait en jappant
10 Le petit chien berger des calmes fils de Pan
Dont le pipeau qui pleure appelle, tout au loin.

Puis, las, nous nous couchions, frissonnants jusqu'aux moelles,
Et parfois, radieux, dans nos palais de foin,
Nous déjeunions d'aurore et nous soupions d'étoiles…

Jardin sentimental

Là, nous nous attardions aux nocturnes tombées,
Cependant qu'alentour un vol de scarabées
Nous éblouissait d'or sous les lueurs plombées.

De grands chevaux de pourpre erraient, sanguinolents,
5   Par les célestes turfs, et je tenais, tremblants,
Tes doigts entre mes mains, comme un nid d'oiseaux blancs.

Or, tous deux, souriant à l'étoile du soir,
Nous sentions se lever des lumières d'espoir
En notre âme fermée ainsi qu'un donjon noir.

10   Le vieux perron croulant parmi l'effroi des lierres,
Nous parlait des autans qui chantaient dans les pierres
De la vieille demeure aux grilles familières.

Puis l'Angélus, devers les chapelles prochaines,
Tintait d'une voix grêle, et, sans rompre les chaînes,
15   Nous allions dans la Nuit qui priait sous les chênes.

Foulant les touffes d'herbes où le cri-cri se perd,
Invisibles, au loin, dans un grand vaisseau vert,
Nous rêvions de monter aux astres de Vesper.

Violon de villanelle

Sous le clair de lune au frais du vallon,
Beaux gars à chefs bruns, belles à chef blond,
Au son du hautbois ou du violon
    Dansez la villanelle.

5   La lande est noyée en des parfums bons.
Attisez la joie au feu des charbons;
Allez-y gaiement, allez-y par bonds,
    Dansez la villanelle.

Sur un banc de chêne ils sont là, les vieux,
10   Vous suivant avec des pleurs dans les yeux,
Lorsqu'en les frôlant vous passez joyeux…
    Dansez la villanelle.

Allez-y gaiement! que l'orbe d'argent
Croise sur vos fronts son reflet changeant;
15   Bien avant dans la nuit, à la Saint-Jean
    Dansez la villanelle.

EAUX-FORTES FUNÉRAIRES

Les corbeaux

J'ai cru voir sur mon cœur un essaim de corbeaux
En pleine lande intime avec des vols funèbres,
De grands corbeaux venus de montagnes célèbres
Et qui passaient au clair de lune et de flambeaux.

5   Lugubrement, comme en cercle sur des tombeaux
Et flairant un régal de carcasses de zèbres,
Ils planaient au frisson glacé de mes vertèbres,
Agitant à leurs becs une chair en lambeaux.

Or, cette proie échue à ces démons des nuits
10   N'était autre que ma Vie en loque, aux ennuis
Vastes qui vont tournant sur elle ainsi toujours,

Déchirant à larges coups de bec, sans quartier,
Mon âme, une charogne éparse au champ des jours,
Que ces vieux corbeaux dévoreront en entier.

Banquet macabre

À la santé du rire ! Et j'élève ma coupe,
Et je bois follement comme un rapin joyeux.
Ô le rire ! Ha ! ha ! ha ! qui met la flamme aux yeux,
Ce vaisseau d'or qui glisse avec l'amour en poupe !

5   Vogue pour la gaieté de Riquet-à-la-Houppe !
En bons bossus joufflus gouaillons pour le mieux.
Que les bruits du cristal éveillent nos aïeux
Du grand sommeil de pierre où s'entasse leur groupe.

Ils nous viennent, claquant leurs vieux os : les voilà !
10   Qu'on les assoie en ronde au souper de gala.
À la santé du rire et des pères squelettes !

Versez le vin funèbre aux verres par longs flots,
Et buvons à la Mort dans leurs crânes, poètes,
Pour étouffer en nous la rage des sanglots !

PETITE CHAPELLE

Notre-Dame-des-Neiges

Sainte Notre-Dame, en beau manteau d'or,
  De sa lande fleurie
Descend chaque soir, quand son Jésus dort
  En sa Ville-Marie.
₅ Sous l'astral flambeau que portent ses anges,
  La belle Vierge va
Triomphalement, aux accords étranges
  De céleste bîva.

Sainte Notre-Dame a là-haut son trône
₁₀ Sur notre Mont-Royal ;
Et de là, son œil subjugue le Faune
  De l'abîme infernal.
Car elle a dicté : « Qu'un ange protège
  De son arme de feu
₁₅ Ma ville d'argent au collier de neige »,
  La Dame du Ciel bleu !

Sainte Notre-Dame, ô tôt nous délivre
  De tout joug pour le tien ;
Chasse l'étranger ! Au pays de givre

20 Sois-nous force et soutien.
Ce placet fleuri de choses dorées,
    Puisses-tu de tes yeux,
Bénigne, le lire aux roses vesprées,
    Quand tu nous viens des Cieux !

25 Sainte Notre-Dame a pleuré longtemps
        Parmi ses petits anges ;
Tellement, dit-on, qu'en les cieux latents
        Se font des bruits étranges.
Et que notre Vierge entraînant l'Eden,
30   Ô floraison chérie !
Va tôt refleurir en même jardin
        Sa France et sa Ville-Marie…

PASTELS ET PORCELAINES

Paysage fauve

Les arbres comme autant de vieillards rachitiques,
Flanqués vers l'horizon sur les escarpements,
Ainsi que des damnés sous le fouet des tourments,
Tordent de désespoir leurs torses fantastiques.

5 C'est l'Hiver ; c'est la Mort ; sur les neiges arctiques,
Vers le bûcher qui flambe aux lointains campements,
Les chasseurs vont frileux sous leurs lourds vêtements,
Et galopent, fouettant leurs chevaux athlétiques.

La bise hurle ; il grêle ; il fait nuit, tout est sombre ;
10 Et voici que soudain se dessine dans l'ombre
Un farouche troupeau de grands loups affamés ;

Ils bondissent, essaims de fauves multitudes,
Et la brutale horreur de leurs yeux enflammés,
Allume de points d'or les blanches solitudes.

Potiche

C'est un vase d'Égypte à riche ciselure,
Où sont peints des sphinx bleus et des lions ambrés :
De profil on y voit, souple, les reins cambrés,
Une immobile Isis tordant sa chevelure.

5   Flambantes, des nefs d'or se glissent sans voilure
Sur une eau d'argent plane aux tons de ciel marbrés :
C'est un vase d'Égypte à riche ciselure
Où sont peints des sphinx bleus et des lions ambrés.

Mon âme est un potiche où pleurent, dédorés,
10 De vieux espoirs mal peints sur sa fausse moulure ;
Aussi j'en souffre en moi comme d'une brûlure,
Mais le trépas bientôt les aura tous sabrés…

Car ma vie est un vase à pauvre ciselure.

VÊPRES TRAGIQUES

Marches funèbres

J'écoute en moi des voix funèbres
Clamer transcendantalement,
Quand sur un motif allemand
Se rythment ces marches célèbres.

5   Au frisson fou de mes vertèbres
Si je sanglote éperdument,
C'est que j'entends des voix funèbres
Clamer transcendantalement.

Tel un troupeau spectral de zèbres
10   Mon rêve rôde étrangement ;
Et je suis hanté tellement
Qu'en moi toujours, dans mes ténèbres,

J'entends geindre des voix funèbres.

TRISTIA

Le lac

Remémore, mon cœur, devant l'onde qui fuit
De ce lac solennel, sous l'or de la vesprée,
Ce couple malheureux dont la barque éplorée
Y vint sombrer avec leur amour, une nuit.

5 *Comme tout alentour se tourmente et sanglote !*
Le vent verse les pleurs des astres aux roseaux,
Le lys s'y mire ainsi que l'azur plein d'oiseaux,
Comme pour y chercher une image qui flotte.

Mais rien n'en a surgi depuis le soir fatal
10 *Où les amants sont morts enlaçant leurs deux vies,*
Et les eaux en silence aux grèves d'or suivies
Disent qu'ils dorment bien sous leur calme cristal.

Ainsi la vie humaine est un grand lac qui dort
Plein, sous le masque froid des ondes déployées,
15 *De blonds rêves déçus, d'illusions noyées,*
Où l'Espoir vainement mire ses astres d'or.

La passante

Hier, j'ai vu passer, comme une ombre qu'on plaint,
En un grand parc obscur, une femme voilée :
Funèbre et singulière, elle s'en est allée,
Recelant sa fierté sous son masque opalin.

5   Et rien que d'un regard, par ce soir cristallin,
J'eus deviné bientôt sa douleur refoulée ;
Puis elle disparut en quelque noire allée
Propice au deuil profond dont son cœur était plein.

Ma jeunesse est pareille à la pauvre passante :
10 Beaucoup la croiseront ici-bas dans la sente
Où la vie à la tombe âprement nous conduit ;

Tous la verront passer, feuille sèche à la brise
Qui tourbillonne, tombe et se fane en la nuit ;
Mais nul ne l'aimera, nul ne l'aura comprise.

La romance du vin

Tout se mêle en un vif éclat de gaîté verte.
Ô le beau soir de mai ! Tous les oiseaux en chœur,
Ainsi que les espoirs naguères à mon cœur,
Modulent leur prélude à ma croisée ouverte.

5   *Ô le beau soir de mai ! le joyeux soir de mai !*
Un orgue au loin éclate en froides mélopées ;
Et les rayons, ainsi que de pourpres épées,
Percent le cœur du jour qui se meurt parfumé.

Je suis gai ! je suis gai ! Dans le cristal qui chante,
10 *Verse, verse le vin ! verse encore et toujours,*
Que je puisse oublier la tristesse des jours,
Dans le dédain que j'ai de la foule méchante !

Je suis gai ! je suis gai ! Vive le vin et l'Art !…
J'ai le rêve de faire aussi des vers célèbres,
15 *Des vers qui gémiront les musiques funèbres*
Des vents d'automne au loin passant dans le brouillard.

C'est le règne du rire amer et de la rage
De se savoir poète et l'objet du mépris,
De se savoir un cœur et de n'être compris
20 *Que par le clair de lune et les grands soirs d'orage !*

Femmes ! je bois à vous qui riez du chemin
Où l'Idéal m'appelle en ouvrant ses bras roses ;
Je bois à vous surtout, hommes aux fronts moroses
Qui dédaignez ma vie et repoussez ma main !

25 Pendant que tout l'azur s'étoile dans la gloire,
    Et qu'un hymne s'entonne au renouveau doré,
    Sur le jour expirant je n'ai donc pas pleuré,
    Moi qui marche à tâtons dans ma jeunesse noire!

    Je suis gai! je suis gai! Vive le soir de mai!
30 Je suis follement gai, sans être pourtant ivre!…
    Serait-ce que je suis enfin heureux de vivre;
    Enfin mon cœur est-il guéri d'avoir aimé?

    Les cloches ont chanté; le vent du soir odore…
    Et pendant que le vin ruisselle à joyeux flots,
35 Je suis si gai, si gai, dans mon rire sonore,
    Oh! si gai, que j'ai peur d'éclater en sanglots!

PIÈCES RETROUVÉES

À une femme détestée

> Car dans ces jours de haine et ces temps de combats
> Je fus de ces souffrants que leur langueur isole
> Sans qu'ils aient pu trouver la Femme qui console
> Et vous remplit le cœur rien qu'à parler tout bas.
>
> Georges RODENBACH

Combien je vous déteste et combien je vous fuis :
Vous êtes pourtant belle et très noble d'allure,
Les Séraphins ont fait votre ample chevelure
Et vos regards couleur du charme brun des nuits.

5 Depuis que vous m'avez froissé, jamais depuis,
N'ai-je pu tempérer cette intime brûlure :
Vous m'avez fait souffrir, volage créature,
Pendant qu'en moi grondait le volcan des ennuis.

Moi, sans amour jamais qu'un amour d'Art, Madame,
10 Et vous, indifférente et qui n'avez pas d'âme,
Vieillissons tous les deux pour ne jamais se voir.

Je ne dois pas courber mon front devant vos charmes ;
Seulement, seulement, expliquez-moi ce soir,
Cette tristesse au cœur qui me cause des larmes.

Un poète

Laissez-le vivre ainsi sans lui faire de mal !
Laissez-le s'en aller ; c'est un rêveur qui passe ;
C'est une âme angélique ouverte sur l'espace,
Qui porte en elle un ciel de printemps auroral.

5   C'est une poésie aussi triste que pure
Qui s'élève de lui dans un tourbillon d'or.
L'étoile la comprend, l'étoile qui s'endort
Dans sa blancheur céleste aux frissons de guipure.

Il ne veut rien savoir ; il aime sans amour.
10   Ne le regardez pas ! que nul ne s'en occupe !
Dites même qu'il est de son propre sort dupe !
Riez de lui !… Qu'importe ! il faut mourir un jour…

Alors, dans le pays où le bon Dieu demeure,
On vous fera connaître, avec reproche amer,
15   Ce qu'il fut de candeur sous ce front simple et fier
Et de tristesse dans ce grand œil gris qui pleure !

POÈMES POSTHUMES

Je veux m'éluder

Je veux m'éluder dans les rires
Dans les tourbes de gaîté brusque
Oui, je voudrais me tromper jusque
En des ouragans de délires.

5 Pitié ! quels monstrueux vampires
Vous suçant mon cœur qui s'offusque !
Ô je veux être fou ne fût-ce que
Pour narguer mes Détresses pires !

Lent comme un monstre cadavre
10 Mon cœur vaisseau s'amarre au havre
De toute hétéromorphe engeance.

Que je bénis ces gueux de rosses
Dont les hilarités féroces
Raillent la vierge Intelligence !

Le spectre

Il s'est assis aux soirs d'hiver
En mon fauteuil de velours vert
      Près de l'âtre,
Fumant dans ma pipe de plâtre,
5 Il s'est assis un spectre grand
Sous le lustre de fer mourant
Derrière mon funèbre écran,

Il a hanté mon noir taudis
Et ses soliloques maudits
10   De fantôme
L'ont empli d'étrange symptôme.
Me diras-tu ton nom navrant,
Spectre? Réponds-moi cela franc
Derrière le funèbre écran.

15 Quand je lui demandai son nom
La voix grondant comme un canon
      Le squelette
Crispant sa lèvre violette
Debout et pointant le cadran
20 Le hurla d'un cri pénétrant
Derrière mon funèbre écran.

Je suis en tes affreuses nuits,
M'a dit le Spectre des Ennuis,
      Ton seul frère.
25 Viens contre mon sein funéraire
Que je t'y presse en conquérant.
Certe à l'heure j'y cours tyran
Derrière mon funèbre écran.

Claquant des dents, féroce et fou,
30 Il a détaché de son cou
          Une écharpe,
De ses doigts d'os en fils de harpe,
Maigres, jaunes comme safran
L'accrochant à mon cœur son cran,
35 Derrière le funèbre écran.

HECTOR DE
SAINT-DENYS GARNEAU

Regards et jeux dans l'espace

JEUX

C'est là sans appui

Je ne suis pas bien du tout assis sur cette chaise
Et mon pire malaise est un fauteuil où l'on reste
Immanquablement je m'endors et j'y meurs.

Mais laissez-moi traverser le torrent sur les roches
5   *Par bonds quitter cette chose pour celle-là*
Je trouve l'équilibre impondérable entre les deux
C'est là sans appui que je me repose.

Le jeu

Ne me dérangez pas je suis profondément occupé

Un enfant est en train de bâtir un village
C'est une ville, un comté
Et qui sait
5   Tantôt l'univers.

Il joue

Ces cubes de bois sont des maisons qu'il déplace
          et des châteaux
Cette planche fait signe d'un toit qui penche
10   ça n'est pas mal à voir
Ce n'est pas peu de savoir où va tourner la route
          de cartes
Cela pourrait changer complètement
          le cours de la rivière
15 À cause du pont qui fait un si beau mirage
          dans l'eau du tapis
C'est facile d'avoir un grand arbre
Et de mettre au-dessous une montagne
          pour qu'il soit en haut.

20 Joie de jouer ! paradis des libertés !
Et surtout n'allez pas mettre un pied dans la chambre
On ne sait jamais ce qui peut être dans ce coin
Et si vous n'allez pas écraser la plus chère
          des fleurs invisibles

25 Voilà ma boîte à jouets
Pleine de mots pour faire de merveilleux enlacements

Les allier séparer marier,
Déroulements tantôt de danse
Et tout à l'heure le clair éclat de rire
30 Qu'on croyait perdu

Une tendre chiquenaude
Et l'étoile
Qui se balançait sans prendre garde
Au bout d'un fil trop ténu de lumière
35 Tombe à l'eau et fait des ronds.

De l'amour de la tendresse qui donc oserait en douter
Mais pas deux sous de respect pour l'ordre établi
Et la politesse et cette chère discipline
Une légèreté et des manières à scandaliser les grandes personnes

40 Il vous arrange les mots comme si c'étaient de simples chansons
Et dans ses yeux on peut lire son espiègle plaisir
À voir que sous les mots, il déplace toutes choses
Et qu'il en agit avec les montagnes
Comme s'il les possédait en propre.
45 Il met la chambre à l'envers et vraiment l'on ne s'y reconnaît plus
Comme si c'était un plaisir de berner les gens.

Et pourtant dans son œil gauche quand le droit rit
Une gravité de l'autre monde s'attache à la feuille d'un arbre
Comme si cela pouvait avoir une grande importance
50 Avait autant de poids dans sa balance
Que la guerre d'Éthiopie
Dans celle de l'Angleterre.

Nous ne sommes pas

Nous ne sommes pas des comptables

Tout le monde peut voir une piastre de papier vert
Mais qui peut voir au travers
                           si ce n'est un enfant
5   Qui peut comme lui voir au travers en toute liberté
Sans que du tout la piastre l'empêche
                         ni ses limites
Ni sa valeur d'une seule piastre

Mais il voit par cette vitrine des milliers de jouets
10   merveilleux
Et n'a pas envie de choisir parmi ces trésors
Ni désir ni nécessité
Lui
Mais ses yeux sont grands pour tout prendre.

Rivière de mes yeux

Ô mes yeux ce matin grands comme des rivières
Ô l'onde de mes yeux prêts à tout refléter
Et cette fraîcheur sous mes paupières
Extraordinaire
5   Tout alentour des images que je vois

Comme un ruisseau rafraîchit l'île
Et comme l'onde fluante entoure
La baigneuse ensoleillée

ENFANTS

Les enfants

Les enfants
Ah ! les petits monstres

Ils vous ont sauté dessus
Comme ils grimpent après les trembles
5   Pour les fléchir
Et les faire pencher sur eux

Ils ont un piège
Avec une incroyable obstination

Ils ne vous ont pas laissés
10   Avant de vous avoir gagnés

Alors ils vous ont laissés
Les perfides
          vous ont abandonnés
Se sont enfuis en riant.

15   Il y en a qui sont restés
Quand les autres sont partis jouer
Ils sont restés assis gravement.

Il en est qui sont allés
Jusqu'au bout de la grande allée

20 Leur rire s'est suspendu

Pendant qu'ils se retournaient
Pour vous voir qui les regardiez

Un remords et un regret

Mais il n'était pas perdu
25 Il a repris sa fusée
Qu'on entend courir en l'air
Cependant qu'eux sont disparus
Quand l'allée a descendu.

Portrait

C'est un drôle d'enfant
C'est un oiseau
Il n'est plus là

Il s'agit de le trouver
5 De le chercher
Quand il est là

Il s'agit de ne pas lui faire peur
C'est un oiseau
C'est un colimaçon.

10 Il ne regarde que pour vous embrasser
Autrement il ne sait pas quoi faire
                                        avec ses yeux
Où les poser
Il les tracasse comme un paysan sa casquette

15 Il lui faut aller vers vous
Et quand il s'arrête
Et s'il arrive
Il n'est plus là

Alors il faut le voir venir
20 Et l'aimer durant son voyage.

ESQUISSES EN PLEIN AIR

L'aquarelle

Est-il rien de meilleur pour vous chanter
les champs
Et vous les arbres transparents
Les feuilles
5   Et pour ne pas cacher la moindre des lumières

Que l'aquarelle cette claire
Claire tulle ce voile clair sur le papier.

Flûte

Tous les champs ont soupiré par une flûte
Tous les champs à perte de vue ondulés sur les

                                        buttes

Tendus verts sur la respiration calme des buttes

5   Toute la respiration des champs a trouvé ce petit
ruisseau vert de son pour sortir
A découvert
Cette voix verte presque marine
Et soupiré un son tout frais ·
10   Par une flûte.

Les ormes

Dans les champs
Calmes parasols
Sveltes, dans une tranquille élégance
Les ormes sont seuls ou par petites familles.
5   Les ormes calmes font de l'ombre
Pour les vaches et les chevaux
Qui les entourent à midi.
Ils ne parlent pas
Je ne les ai pas entendus chanter
10   Ils sont simples
Ils font de l'ombre légère
Bonnement
Pour les bêtes.

Saules

Les grands saules chantent
Mêlés au ciel
Et leurs feuillages sont des eaux vives
Dans le ciel

5   Le vent
Tourne leurs feuilles
D'argent
Dans la lumière
Et c'est rutilant
10   Et mobile
Et cela flue
Comme des ondes

On dirait que les saules coulent
Dans le vent
15   Et c'est le vent
Qui coule en eux.

C'est des remous dans le ciel bleu
Autour des branches et des troncs
La brise chavire les feuilles
20   Et la lumière saute autour
Une féerie
Avec mille reflets
Comme des trilles d'oiseaux-mouches
Comme elle danse sur les ruisseaux
25   Mobile
Avec tous ses diamants et tous ses sourires.

Pins à contre-jour

Dans la lumière leur feuillage est comme l'eau
Des îles d'eau claire
Sur le noir de l'épinette ombrée à contre-jour

Ils ruissellent
5 Chaque aigrette et la touffe
Une île d'eau claire au bout de chaque branche

Chaque aiguille un reflet un fil d'eau vive

Chaque aigrette un reflet comme une petite source
                                        qui bouillonne
10 Et s'écoule
On ne sait où.

Ils ruissellent comme j'ai vu ce printemps
Ruisseler les saules eux l'arbre entier
Pareillement argent tout reflet tout onde
15 Toute fuite d'eau passage
Comme du vent rendu visible
Et paraissant
Liquide
À travers quelque fenêtre magique.

DEUX PAYSAGES

Paysage en deux couleurs
sur fond de ciel

La vie la mort sur deux collines
Deux collines quatre versants
Les fleurs sauvages sur deux versants
L'ombre sauvage sur deux versants.

5   Le soleil debout dans le sud
Met son bonheur sur les deux cimes
L'épand sur faces des deux pentes
Et jusqu'à l'eau de la vallée
(Regarde tout et ne voit rien)

10   Dans la vallée le ciel et l'eau
Au ciel de l'eau les nénuphars
Les longues tiges vont au profond
Et le soleil les suit du doigt
(Les suit du doigt et ne sent rien)

15   Sur l'eau bercée   de nénuphars
Sur l'eau piquée   de nénuphars
Sur l'eau percée   de nénuphars
Et tenue de cent mille tiges

Porte le pied des deux collines
20 Un pied fleuri de fleurs sauvages
Un pied rongé d'ombre sauvage.

Et pour qui vogue en plein milieu
Pour le poisson qui saute au milieu
(Voit une mouche tout au plus)

25 Tendant les pentes vers le fond
Plonge le front des deux collines
Un de fleurs fraîches dans la lumière
Vingt ans de fleurs sur fond de ciel
Un sans couleur ni de visage
30 Et sans comprendre et sans soleil
Mais tout mangé d'ombre sauvage
Tout composé d'absence noire
Un trou d'oubli — ciel calme autour.

DE GRIS EN PLUS NOIR

Spleen

Ah ! quel voyage nous allons faire
Mon âme et moi, quel lent voyage

Et quel pays nous allons voir
Quel long pays, pays d'ennui.

5   Ah ! d'être assez fourbu le soir
Pour revenir sans plus rien voir

Et de mourir pendant la nuit
Mort de moi, mort de notre ennui.

Maison fermée

Je songe à la désolation de l'hiver
Aux longues journées de solitude
Dans la maison morte —
Car la maison meurt où rien n'est ouvert —
5   Dans la maison close, cernée de forêts

Forêts noires pleines
De vent dur

Dans la maison pressée de froid
Dans la désolation de l'hiver qui dure

10   Seul à conserver un petit feu dans le grand âtre
L'alimentant de branches sèches
Petit à petit
Que cela dure
Pour empêcher la mort totale du feu
15   Seul avec l'ennui qui ne peut plus sortir
Qu'on enferme avec soi
Et qui se propage dans la chambre

Comme la fumée d'un mauvais âtre
Qui tire mal vers en haut
20   Quand le vent s'abat sur le toit
Et rabroue la fumée dans la chambre
Jusqu'à ce qu'on étouffe dans la maison fermée

Seul avec l'ennui
Que secoue à peine la vaine épouvante
25   Qui nous prend tout à coup

Quand le froid casse les clous dans les planches
Et que le vent fait craquer la charpente

Les longues nuits à s'empêcher de geler
Puis au matin vient la lumière
30 Plus glaciale que la nuit.

Ainsi les longs mois à attendre
La fin de l'âpre hiver.

Je songe à la désolation de l'hiver
Seul
35 Dans une maison fermée.

FACTION

Autrefois

Autrefois j'ai fait des poèmes
Qui contenaient tout le rayon
Du centre à la périphérie et au-delà
Comme s'il n'y avait pas de périphérie
                mais le centre seul
Et comme si j'étais le soleil : à l'entour
                    l'espace illimité
C'est qu'on prend de l'élan
             à jaillir tout au long du rayon
C'est qu'on acquiert une prodigieuse vitesse de bolide
Quelle attraction centrale peut alors
                empêcher qu'on s'échappe
Quel dôme de firmament concave qu'on le perce
Quand on a cet élan pour éclater dans l'Au-delà.

Mais on apprend que la terre n'est pas plate
Mais une sphère et que le centre n'est pas au milieu
Mais au centre
Et l'on apprend la longueur du rayon ce chemin
                trop parcouru
Et l'on connaît bientôt la surface
Du globe tout mesuré inspecté arpenté vieux sentier
Tout battu

Alors la pauvre tâche
De pousser le périmètre à sa limite
25 Dans l'espoir à la surface du globe d'une fissure,
Dans l'espoir et d'un éclatement des bornes
Par quoi retrouver l'air libre et la lumière.

Hélas tantôt désespoir
L'élan de l'entier rayon devenu
30 Ce point mort sur la surface.

Tel un homme
Sur le chemin trop court par la crainte du port
Raccourcit l'enjambée et s'attarde à venir
Il me faut devenir subtil
35 Afin de, divisant à l'infini l'infime distance
De la corde à l'arc,
Créer par ingéniosité un espace analogue à l'Au-delà
Et trouver dans ce réduit matière
Pour vivre et l'art.

Faction

On a décidé de faire la nuit
Pour une petite étoile problématique
A-t-on le droit de faire la nuit
Nuit sur le monde et sur notre cœur
5   Pour une étincelle
Luira-t-elle
Dans le ciel immense désert

On a décidé de faire la nuit
pour sa part
10 De lâcher la nuit sur la terre
Quand on sait ce que c'est
Quelle bête c'est
Quand on a connu quel désert
Elle fait à nos yeux sur son passage

15 On a décidé de lâcher la nuit sur la terre
Quand on sait ce que c'est
Et de prendre sa faction solitaire
Pour une étoile
              encore qui n'est pas sûre
20 Qui sera peut-être une étoile filante
Ou bien le faux éclair d'une illusion
Dans la caverne que creusent en nous
Nos avides prunelles.

SANS TITRE

Petite fin du monde

Oh ! Oh !
Les oiseaux
morts

Les oiseaux
5   les colombes
nos mains

Qu'est-ce qu'elles ont eu
qu'elles ne se reconnaissent plus

On les a vues autrefois
10   Se rencontrer dans la pleine clarté
se balancer dans le ciel
se côtoyer avec tant de plaisir
                 et se connaître
dans une telle douceur

15   Qu'est-ce qu'elles ont maintenant
quatre mains sans plus un chant
que voici mortes
désertées

J'ai goûté à la fin du monde
20 et ton visage a paru périr
devant ce silence de quatre colombes
devant la mort de ces quatre mains
       Tombées
en rang côte à côte

25 Et l'on se demande
       À ce deuil
quelle mort secrète
quel travail secret de la mort
par quelle voie intime dans notre ombre
30 où nos regards n'ont pas voulu descendre
       La mort
a mangé la vie aux oiseaux
a chassé le chant et rompu le vol
à quatre colombes
35 alignées sous nos yeux
de sorte qu'elles sont maintenant
               sans palpitation
et sans rayonnement de l'âme.

Accueil

Moi ce n'est que pour vous aimer
Pour vous voir
Et pour aimer vous voir

Moi ça n'est pas pour vous parler
5   Ça n'est pas pour des échanges
                         conversations
Ceci livré, cela retenu
Pour ces compromissions de nos dons

C'est pour savoir que vous êtes,
10   Pour aimer que vous soyez

Moi ce n'est que pour vous aimer
Que je vous accueille
Dans la vallée spacieuse de mon recueillement
Où vous marchez seule et sans moi
15   Libre complètement

Dieu sait que vous serez inattentive
Et de tous côtés au soleil
Et tout entière en votre fleur
Sans une hypocrisie
20   en votre jeu

Vous serez claire et seule
Comme une fleur sous le ciel
Sans un repli
Sans un recul de votre exquise pudeur

25 Moi je suis seul à mon tour
autour de la vallée
Je suis la colline attentive
Autour de la vallée
Où la gazelle de votre grâce évoluera
30 Dans la confiance et la clarté de l'air

Seul à mon tour j'aurai la joie
Devant moi
De vos gestes parfaits
Des attitudes parfaites
35 De votre solitude

Et Dieu sait que vous repartirez
Comme vous êtes venue
Et je ne vous reconnaîtrai plus

Je ne serai peut-être pas plus seul
40 Mais la vallée sera déserte
Et qui me parlera de vous ?

Cage d'oiseau

Je suis une cage d'oiseau
Une cage d'os
Avec un oiseau

L'oiseau dans sa cage d'os
5   C'est la mort qui fait son nid

Lorsque rien n'arrive
On entend froisser ses ailes

Et quand on a ri beaucoup
Si l'on cesse tout à coup
10   On l'entend qui roucoule
Au fond
Comme un grelot

C'est un oiseau captif
La mort dans ma cage d'os

15   Voudrait-il pas s'envoler
Est-ce vous qui le retiendrez
Est-ce moi
Qu'est-ce que c'est

Il ne pourra s'en aller
20   Qu'après avoir tout mangé
Mon cœur
La source du sang
Avec la vie dedans

Il aura mon âme au bec.

Accompagnement

Je marche à côté d'une joie
D'une joie qui n'est pas à moi
D'une joie à moi que je ne puis pas prendre

Je marche à côté de moi en joie
5   J'entends mon pas en joie qui marche à côté de moi
Mais je ne puis changer de place sur le trottoir
Je ne puis pas mettre mes pieds dans ces pas-là
        et dire voilà c'est moi

Je me contente pour le moment de cette compagnie
10 Mais je machine en secret des échanges
Par toutes sortes d'opérations, des alchimies,
Par des transfusions de sang
Des déménagements d'atomes
      par des jeux d'équilibre

15 Afin qu'un jour, transposé,
Je sois porté par la danse de ces pas de joie
Avec le bruit décroissant de mon pas à côté de moi
Avec la perte de mon pas perdu
      s'étiolant à ma gauche
20 Sous les pieds d'un étranger
      qui prend une rue transversale.

Poèmes retrouvés

Ma maison

Je veux ma maison bien ouverte,
Bonne pour tous les miséreux.

Je l'ouvrirai à tout venant
Comme quelqu'un se souvenant
5 D'avoir longtemps pâti dehors,
Assailli de toutes les morts
Refusé de toutes les portes
Mordu de froid, rongé d'espoir

Anéanti d'ennui vivace
10 Exaspéré d'espoir tenace

Toujours en quête de pardon
Toujours en chasse de péché.

Lassitude

Je ne suis plus de ceux qui donnent
Mais de ceux-là qu'il faut guérir.
Et qui viendra dans ma misère ?
Qui aura le courage d'entrer dans cette vie
5   à moitié morte ?
Qui me verra sous tant de cendres,
Et soufflera, et ranimera l'étincelle ?
Et m'emportera de moi-même,
Jusqu'au loin, ah ! au loin, loin !
10   Qui m'entendra, qui suis sans voix
Maintenant dans cette attente ?
Quelle main de femme posera sur mon front
Cette douceur qui nous endort ?
Quels yeux de femme au fond des miens,
15   au fond de mes yeux obscurcis,
Voudront aller, fiers et profonds,
Pourront passer sans se souiller,
Quels yeux de femme et de bonté
Voudront descendre en ce réduit
20   Et recueillir, et ranimer
et ressaisir et retenir
Cette étincelle à peine là ?
Quelle voix pourra retentir,
quelle voix de miséricorde
25   voix claire, avec la transparence du cristal
Et la chaleur de la tendresse,
Pour me réveiller à l'amour, me rendre à la bonté,
m'éveiller à la présence de Dieu dans l'univers ?
Quelle voix pourra se glisser, très doucement, sans me briser,
30   dans mon silence intérieur ?

Silence

Toutes paroles me deviennent intérieures
Et ma bouche se ferme comme un coffre
                          qui contient des trésors
Et ne prononce plus ces paroles dans le temps,
5   des paroles en passage,
Mais se ferme et garde comme un trésor
                    ses paroles
Hors l'atteinte du temps salissant, du temps passager.
Ses paroles qui ne sont pas du temps
10 Mais qui représentent le temps dans l'éternel,
Des manières de représentants
Ailleurs de ce qui passe ici,
Des manières de symboles
Des manières d'évidences de l'éternité qui passe ici,
15 Des choses uniques, incommensurables,
Qui passent ici parmi nous mortels,
Pour jamais plus jamais,
Et ma bouche est fermée comme un coffre
Sur les choses que mon âme garde intimes,
20 Qu'elle garde
Incommunicables
Et possède ailleurs.

Te voilà verbe

Te voilà verbe en face de mon être
                        un poème en face de moi
Par une projection par-delà moi
                        de mon arrière-conscience
5   Un fils tel qu'on ne l'avait pas attendu
Être méconnaissable, frère ennemi.
Et voilà le poème encore vide qui m'encercle
Dans l'avidité d'une terrible exigence de vie,
M'encercle d'une mortelle tentacule,
10   Chaque mot une bouche suçante, une ventouse
Qui s'applique à moi
Pour se gonfler de mon sang.

Je nourrirai de moelle ces balancements.

Baigneuse

Ah le matin dans mes yeux sur la mer
Une claire baigneuse a ramassé sur elle
toute la lumière du paysage.

Forme très simplifiée

C'est eux qui m'ont tué

C'est eux qui m'ont tué
Sont tombés sur mon dos avec leurs armes, m'ont tué
Sont tombés sur mon cœur avec leur haine, m'ont tué
Sont tombés sur mes nerfs avec leurs cris, m'ont tué

5 C'est eux en avalanche m'ont écrasé
Cassé en éclats comme du bois

Rompu mes nerfs comme un câble de fils de fer
Qui se rompt net et tous les fils en bouquet fou
Jaillissent et se recourbent, pointes à vif

10 Ont émietté ma défense comme une croûte sèche
Ont égrené mon cœur comme de la mie
Ont tout éparpillé cela dans la nuit

Ils ont tout piétiné sans en avoir l'air,
Sans le savoir, le vouloir, sans le pouvoir,
15 Sans y penser, sans y prendre garde
Par leur seul terrible mystère étranger
Parce qu'ils ne sont pas à moi venus m'embrasser

Ah ! dans quel désert faut-il qu'on s'en aille
Pour mourir de soi-même tranquillement.

Au moment qu'on a fait la fleur

Au moment qu'on a fait la fleur
De tout notre amour plongé en elle
Quand la fatigue tout à coup la fane entre nos doigts
Quand la fatigue tout à coup surgit alentour
5 Et s'avance sur nous comme un cercle qui se referme
L'ennemie qu'on n'attendait pas s'avance
Et commence par effacer le monde hors de nous
Efface le monde en s'approchant,
Vient effacer la fleur entre nos mains
10 Où notre amour était plongé et fleurissait
Notre amour alors dépossédé rentre en nous
Reflue en nous et nous prend au dépourvu
Nous gonfle d'un flot trop lourd
Nous abat d'un vertige inattendu
15 Et nous sommes épouvantés
Et comme désarmés devant cette parole
Devant la tristesse de la parole de la chair
Qu'on n'attendait pas et qui nous frappe
                    comme un soufflet au visage.

Un poème a chantonné tout le jour

Un poème a chantonné tout le jour
    Et n'est pas venu
On a senti sa présence tout le jour
    Soulevante
5   Comme une eau qui se gonfle
    Et cherche une issue
Mais cela s'est perdu dans la terre
    Il n'y a plus rien

On a marché tout le jour comme des fous
10   Dans un pressentiment d'équilibre
Dans une prévoyance de lumière possible
Comme des fous tout à coup attentifs
À un démêlement qui se fait dans le cerveau
À une sorte de lumière qui veut se faire
15   Comme s'ils allaient retrouver ce qui leur manque
La clef du jour et la clef de la nuit

Mais ils s'affolent de la lenteur du jour à naître
Et voilà que la lueur s'en re-va
S'en retourne dans le soleil hors la vue
20   Et une porte d'ombre se referme
Sur la solitude plus abrupte
Et plus incompréhensible.

Le silence strident comme une note unique
    qui annihile le monde entier
25   La clef de lumière qui manque
    au coffre de tous les trésors

Ma solitude n'a pas été bonne

Ma solitude au bord de la nuit
N'a pas été bonne
Ma solitude n'a pas été tendre
À la fin de la journée au bord de la nuit
5 Comme une âme qu'on a suivie sans plus attendre
L'ayant reconnue pour sœur

Ma solitude n'a pas été bonne
Comme celle qu'on a suivie
Sans plus attendre choisie
10 Pour une épouse inébranlable

Pour la maison de notre vie
Et le cercueil de notre mort
Gardien de nos os silencieux
Dont notre âme se détacha.

15 Ma solitude au bord de la nuit
N'a pas été cette amie
L'accompagnement de cette gardienne

La profondeur claire de ce puits
Le lieu retrait de notre amour
20 Où notre cœur se noue et se dénoue
Au centre de notre attente

Elle nous est venue comme une folie par surprise
Comme une eau qui monte
Et s'infiltre au-dedans
25 Par les fissures de notre carcasse
Par tous les trous de notre architecture

Mal recouverte de chair
Et que laissent ouverte
Les vers de notre putréfaction.

30 Elle est venue une infidélité
Une fille de mauvaise vie
Qu'on a suivie
Pour s'en aller
Elle est venue pour nous ravir
35 Dans le cercle de notre lâcheté
Et nous laisser désemparés
Elle est venue pour nous séparer.

Alors l'âme en peine là-bas
C'est nous qu'on ne rejoint pas
40 C'est moi que j'ai déserté
C'est mon âme qui fait cette promenade cruelle
Toute nue au froid désert
Durant que je me livre à cet arrêt tout seul
À l'immobilité de ce refus
45 Penché mais sans prendre part au terrible jeu
À l'exigence de toutes ces petites
Secondes irremplaçables.

Il nous est arrivé des aventures

Il nous est arrivé des aventures du bout du monde
Quand on vient de loin ce n'est pas pour rester là
(Quand on vient de loin nécessairement
                        c'est pour s'en aller)
5   Nos regards sont fatigués d'être fauchés
                    par les mêmes arbres
Par la scie contre le ciel des mêmes arbres
Et nos bras de faucher toujours à la même place.
Nos pieds n'étaient plus là pour nous attacher
10   dans la terre
Ils nous attiraient tout le corps pour des journées
                    à perte de vue.

Il nous est arrivé des départs impérieux
Depuis le premier jusqu'à n'en plus finir
15 À perte de vue dans l'horizon renouvelé
Qui n'est jamais que cet appel au loin
                  qui module le paysage
Ou cette barrière escarpée
Qui fouette la rage de notre curiosité
20 Et ramasse en nous de son poids
Le ressort de notre bond

On n'a pas eu trop de neiges à manger
On n'a pas eu à boire trop de vents et de rafales
On n'a pas eu trop de glace à porter
25 Trop de morts à porter dans des mains de glaçons

Il en est qui n'ont pas pu partir
Qui n'ont pas eu le courage de vouloir s'en aller
Qui n'ont pas eu la joie aux yeux d'embrasser l'espace

Qui n'ont pas eu l'éclair du sang dans les bras de s'étendre
30 Ils se sont endormis sur des bancs
Leur âme leur fut ravie durant leur sommeil
Ils se sont réveillés en sursaut comme des domestiques
Que le maître surprend à ne pas travailler

On n'a pas eu envie de s'arrêter
35 On n'a pas eu trop de fatigues à dompter
Pour l'indépendance de nos gestes dans l'espace
Pour la liberté de nos yeux sur toute la place
Pour le libre bond de nos cœurs par-dessus les monts

Il en est qui n'ont pas voulu partir
40 Qui ont voulu ne pas partir, mais demeurer.

On les regarde on ne sait pas
Nous ne sommes pas de la même race.

Ils se sont réveillés des animaux parqués là
Qui dépensent leurs ardeurs sans âme dans les bordels
45 Et s'en revont dormir sans s'en douter
Ils se sont réveillés des comptables, des tracassiers,
Des mangeurs de voisins, des rangeurs de péchés,
Des collecteurs de revenus, des assassins à petits coups,
Rongeurs d'âme, des satisfaits, des prudents,
50 Baise-culs, lèche-bottes, courbettes
Ils abdiquent à longue haleine sans s'en douter
N'ayant rien à abdiquer.

C'est un pays de petites bêtes sur quoi l'on pile
On ne les voit pas parce qu'ils sont morts
55 Mais on voudrait leur botter le derrière
Et les voir entrer sous terre pour la beauté
                                    de l'espace inhabité.

Les autres, on est farouches, on est tout seuls
On n'a que l'idée dans la tête d'embrasser
On n'a que le goût de partir comme une faim
On n'est déjà plus où l'on est
On n'a rien à faire ici
On n'a rien à dire et l'on n'entend pas de voix
                          d'un compagnon.

ANNE HÉBERT

Photo : Adrien Thério.

LES SONGES EN ÉQUILIBRE

Tableau de grève

Le sable est blanc
Et la mer d'émeraude.
L'ombre court sur la mer,
Comme la couleur ;
5   Alors la mer se raye
De bleu et de violet.

Le soleil court sur la mer,
Le soleil court,
Comme la couleur,
10   Et la mer redevient verte…
Pas pour longtemps,
Car l'ombre court sur la mer,
L'ombre court, comme la couleur ;
Miroir changeant,
15   Miroir des jeux.

L'écume court sur la mer,
L'écume se précipite,
Telle le feu !
L'écume rage avec fracas,
20   Pour finir, éteinte, sans force,
En un petit ourlet d'argent

Qui se défrange
Sur le sable blanc.

La vague meurt sur le sable
25   Et le sable reste mouillé.
Mais l'on dirait
Que seule la couleur
Change l'aspect du sable.

L'eau court sur le sable,
30   Comme la couleur,
Et la couleur
Glisse sur le sable,
Comme l'eau.

Ah ! laissez-moi confondre
35   L'eau et la couleur,
Prendre ceci pour cela !

Laissez-moi jouer
Sur la grève
Avec les couleurs et le sable,
40   L'eau et les coquillages !

Laissez-moi mes yeux !
Laissez mes yeux
Courir sur le monde
Comme la couleur sur la mer !

L'eau

L'eau noire, au fond
Des glaces sur le lac,
L'eau blanche,
Écumeuse, des rapides.

5   L'eau qu'on emprisonne
Et l'eau qui tonne ;
L'eau qu'on endigue,
L'eau qui noie les villages.

L'eau fraîche des sources,
10   L'eau salée de la mer.

L'eau aux reflets de caillou,
Sombres fonds rougeâtres
Des rivières,
Leurre du bleu dedans
15   Parce que le ciel dedans
Se penche,
Et, lorsqu'on est tout près,
Noir de caillou,
Tranquille remous
20   Dans l'eau épaisse.

Brume blanche
Au-dessus des lacs,
Vert trouble des étangs.

Orages, pluie lente,
25   Gouttes à la vitre.
Pieds d'enfants

Sur le sable
Des ruisseaux.
Geste de la femme,
30   À la fontaine.
Et cette eau qu'on avale
Avidement, à la chaudière,
Prise dans sa cache de verdure,
Au temps de la fenaison.

35   Eau qui chante en nous,
Musique de l'eau,
Attirance de l'eau,
Trahison de l'eau,
Enchantement de l'eau.

40   C'est à croire que depuis
Sa séparation d'avec la terre,
Aux journées premières
Du monde,
Elle garde un amer
45   Ressentiment
D'avoir perdu
Son ancienne autorité.

Éternelle menace de l'eau,
Éternelle appréhension de l'eau,
50   Malgré l'arc-en-ciel
Après le déluge.

Attirance de l'eau,
Éternelle attirance de l'eau,
Ennemie dont on se méfie,
55   Et pourtant à qui l'on se confie
Comme à une femme
Passive et conquise.

Il y a l'eau des marécages,
L'eau croupie des savanes,
60 L'eau boueuse après la pluie...

Mais il y a la mer
Qui domine tout
Et les clairs ruisseaux
Qui naissent toujours.

65 Eau, mot limpide,
Fontaine souterraine,
Source dans notre cœur
Et au bord des cils.

Depuis la séparation
70 Des eaux,
Il y aura toujours
Des fontaines claires
Et des savanes enlisantes...

Quel sens ont pris
75 Toutes ces eaux minces ou profondes ?
Et d'où vient cette grande source
De toutes ces eaux
Inépuisables,
Intouchées
80 Des mers et des sources ?

Qui donc empêche les marécages
De salir la mer ?
Et où puiserons-nous,
Si l'on touche à la mer ?

Terre

Amour des branches
Et du tronc
Lisse ou rugueux ;

Amitié simple
5   Pour mon chien ;
Goût de l'eau
Et des fraises.

Oh ! que j'aimais
La terre et les bêtes
10   Et tous les jeux
Dans les champs !

Et le sommeil tiède,
Et le fruit au réveil
Avec ce café parfumé.

15   Paresses,
Langueurs tendres,
Chaleurs douces,
Délice d'une pomme
Mordue à pleines dents,
20   Quiétude auprès de ses parents ;

Plaisir de courir,
De danser,
De se battre,
Ou d'embrasser.

25 Joie de voir beaucoup d'enfants,
De se perdre
Dans une ronde,
Parmi beaucoup d'enfants ;
Et joie extrême
30 De sentir sur son épaule
Un visage moite,
Une tête lasse
Qui s'endort,
Vous prenant
35 Pour un berceau ;
À moins que l'ombre propice
Ne vous donne le visage
D'un autre enfant…

Ne retenir des livres
40 Que la Vie,
Ne pas savoir comment
Ça s'écrit.

Choses toutes naturelles,
Les plus simples,
45 Que je vous aimais !

Terrestres paradis,
Bras qui se dorent
Au soleil d'été.

Anges apprivoisés,
50 Diables déguisés ;
Avec qui danse-t-on
Dans le bal
Où se mêlent
L'émoi charnel
55 D'être belle

Et cette impression
De porter en équilibre
Une beauté éphémère, trop lourde,
Qui vient d'ailleurs ?

60   Odeurs,
Rosée sur les fleurs,
Couleurs,
Couleurs des eaux ;
Choses qu'on touche,
65   Choses qu'on respire
Et choses qu'on mange.
Ô terrestres paradis !

Qu'importé la douleur,
Tant qu'elle aura un goût ;
70   Mais délivrez-nous
De l'engourdissement
Et, s'il vous plaît, tenez-nous
Toujours émerveillés.

De la terre
75   Où je vois la lune
Aux bleus cratères,
Je crie :
Délivrez mon âme
Des paysages lunaires
80   Que le soleil n'atteint plus !

Marine

À quoi rêvais-je tantôt,
Que j'étais si bien ?

Quel est ce flux
Et ce reflux
5 Qui montent sur moi,
Et me font croire
Que je m'étais endormie,
Sur une île,
Avant le montant,
10 Et que les vagues
Maintenant
Me surprennent
Tout à l'alentour ?

Est-ce dans un coquillage
15 Que j'entends la mer ?
Est-ce le vent sur nos têtes,
Ou le sang qui bat à ma tempe ?

Dans quelle marine
Ai-je donc vu mes yeux ?

20 Qui donc a dit
Qu'ils étaient calmes
Comme un puits,
Et qu'on pouvait
S'asseoir sur la margelle
25 Et mettre tout le bras
Jusqu'au coude
Dans l'eau lisse ?

Gare aux courants du fond,
Au sel, aux algues,
30   Et aux beaux noyés
Qui dorment les yeux ouverts,
En attente de la tempête
Qui les ramènera
À la surface de l'eau,
35   Entre les cils.

LE TOMBEAU DES ROIS

Éveil au seuil d'une fontaine

Ô ! spacieux loisir
Fontaine intacte
Devant moi déroulée
À l'heure
5   Où quittant du sommeil
La pénétrante nuit
Dense forêt
Des songes inattendus
Je reprends mes yeux ouverts et lucides
10   Mes actes coutumiers et sans surprises
Premiers reflets en l'eau vierge du matin.

La nuit a tout effacé mes anciennes traces.
Sur l'eau égale
S'étend
15   La surface plane
Pure à perte de vue
D'une eau inconnue.

Et je sens dans mes doigts
À la racine de mon poignet
20   Dans tout le bras
Jusqu'à l'attache de l'épaule

Sourdre un geste
Qui se crée
Et dont j'ignore encore
25   L'enchantement profond.

Les grandes fontaines

N'allons pas en ces bois profonds
À cause des grandes fontaines
Qui dorment au fond.

N'éveillons pas les grandes fontaines
5 Un faux sommeil clôt leurs paupières salées
Aucun rêve n'y invente de floraisons
Sous-marines et blanches et rares.

Les jours alentour
Et les arbres longs et chantants
10 N'y plongent aucune image.

L'eau de ces bois sombres
Est si pure et si uniquement fluide
Et consacrée en cet écoulement de source
Vocation marine où je me mire.

15 Ô larmes à l'intérieur de moi
Au creux de cet espace grave
Où veillent les droits piliers
De ma patience ancienne
Pour vous garder
20 Solitude éternelle solitude de l'eau.

Les pêcheurs d'eau

Les pêcheurs d'eau
Ont pris l'oiseau
Dans leurs filets mouillés.

Toute l'image renversée ;
5   Il fait si calme
Sur cette eau.

L'arbre
En ses feuilles
Et dessin figé du vent
10   Sur les feuilles
Et couleurs d'été
Sur les branches.

Tout l'arbre droit,
Et l'oiseau,
15   Cette espèce de roi
Minuscule et naïf.

Et puis, aussi,
Cette femme qui coud
Au pied de l'arbre
20   Sous le coup de midi.

Cette femme assise
Refait, point à point,
L'humilité du monde,
Rien qu'avec la douce patience
25   De ses deux mains brûlées.

Les mains

Elle est assise au bord des saisons
Et fait miroiter ses mains comme des rayons.

Elle est étrange
Et regarde ses mains que colorent les jours.

5   Les jours sur ses mains
L'occupent et la captivent.

Elle ne les referme jamais.
Et les tend toujours.

Les signes du monde
10   Sont gravés à même ses doigts.

Tant de chiffres profonds
L'accablent de bagues massives et travaillées.

D'elle pour nous
Nul lieu d'accueil et d'amour
15   Sans cette offrande impitoyable
Des mains de douleurs parées
Ouvertes au soleil.

Les petites villes

Je te donnerai de petites villes
De toutes petites villes tristes.

Les petites villes dans nos mains
Sont plus austères que des jouets
5   Mais aussi faciles à manier.

Je joue avec les petites villes.
Je les renverse.
Pas un homme ne s'en échappe
Ni une fleur ni un enfant.

10   Les petites villes sont désertes
Et livrées dans nos mains.

J'écoute, l'oreille contre les portes
J'approche une à une toutes les portes,
De mon oreille.

15   Les maisons ressemblent à des coquillages muets
Qui ne gardent dans leurs spirales glacées
Aucune rumeur de vent
Aucune rumeur d'eau.

Les parcs et les jardins sont morts
20   Les jeux alignés
Ainsi que dans un musée.

Je ne sais pas où l'on a mis
Les corps figés des oiseaux.

Les rues sont sonores de silence.
25 L'écho du silence est lourd
Plus lourd
Qu'aucune parole de menace ou d'amour

Mais voici qu'à mon tour
J'abandonne les petites villes de mon enfance.
30 Je te les offre
Dans la plénitude
De leur solitude.

Comprends-tu bien le présent redoutable ?
Je te donne d'étranges petites villes tristes,
35 Pour le songe.

La fille maigre

Je suis une fille maigre
Et j'ai de beaux os.

J'ai pour eux des soins attentifs
Et d'étranges pitiés

5   Je les polis sans cesse
Comme de vieux métaux.

Les bijoux et les fleurs
Sont hors de saison.

Un jour je saisirai mon amant
10   Pour m'en faire un reliquaire d'argent.

Je me pendrai
À la place de son cœur absent.

Espace comblé,
Quel est soudain en toi cet hôte sans fièvre ?

15   Tu marches
Tu remues ;
Chacun de tes gestes
Pare d'effroi la mort enclose.

Je reçois ton tremblement
20   Comme un don.

Et parfois
En ta poitrine, fixée,

J'entrouvre
Mes prunelles liquides

25 Et bougent
Comme une eau verte
Des songes bizarres et enfantins.

Retourne sur tes pas

Retourne sur tes pas ô ma vie
Tu vois bien que la rue est fermée.

Vois la barricade face aux quatre saisons
Touche du doigt la fine maçonnerie de nuit
5 dressée sur l'horizon
Rentre vite chez toi
Découvre la plus étanche maison
La plus creuse la plus profonde.

Habite donc ce caillou
10 Songe au lent cheminement de ton âme future
Lui ressemblant à mesure.

Tu as bien le temps d'ici la grande ténèbre :
Visite ton cœur souterrain
Voyage sur les lignes de tes mains
15 Cela vaut bien les chemins du monde
Et la grand'place de la mer en tourment

Imagine à loisir un bel amour lointain
Ses mains légères en route vers toi

Retiens ton souffle
20 Qu'aucun vent n'agite l'air
Qu'il fasse calme lisse et doux
À travers les murailles

Le désir rôde vole et poudre
Recueille-toi et délivre tes larmes
25 Ô ma vie têtue sous la pierre !

Une petite morte

Une petite morte
    s'est couchée en travers de la porte.

Nous l'avons trouvée au matin, abattue
        sur notre seuil
5 Comme un arbre de fougère plein de gel.

Nous n'osons plus sortir depuis qu'elle est là
C'est une enfant blanche dans ses jupes mousseuses
D'où rayonne une étrange nuit laiteuse.

Nous nous efforçons de vivre à l'intérieur
10 Sans faire de bruit
Balayer la chambre
Et ranger l'ennui
Laisser les gestes se balancer tout seuls
Au bout d'un fil invisible
15 À même nos veines ouvertes.

Nous menons une vie si minuscule et tranquille
Que pas un de nos mouvements lents
Ne dépasse l'envers de ce miroir limpide
Où cette sœur que nous avons
20 Se baigne bleue sous la lune
Tandis que croît son odeur capiteuse.

Il y a certainement quelqu'un

Il y a certainement quelqu'un
Qui m'a tuée
Puis s'en est allé
Sur la pointe des pieds
5   Sans rompre sa danse parfaite.

A oublié de me coucher
M'a laissée debout
Toute liée
Sur le chemin
10   Le cœur dans son coffret ancien
Les prunelles pareilles
À leur plus pure image d'eau

A oublié d'effacer la beauté du monde
Autour de moi
15   A oublié de fermer mes yeux avides
Et permis leur passion perdue

Le tombeau des rois

J'ai mon cœur au poing.
Comme un faucon aveugle.

Le taciturne oiseau pris à mes doigts
Lampe gonflée de vin et de sang,
5   Je descends
Vers les tombeaux des rois
Étonnée
À peine née.

Quel fil d'Ariane me mène
10 Au long des dédales sourds ?
L'écho des pas s'y mange à mesure.

(En quel songe
Cette enfant fut-elle liée par la cheville
Pareille à une esclave fascinée ?)

15 L'auteur du songe
Presse le fil,
Et viennent les pas nus
Un à un
Comme les premières gouttes de pluie
20 Au fond du puits.

Déjà l'odeur bouge en des orages gonflés
Suinte sous le pas des portes
Aux chambres secrètes et rondes,
Là où sont dressés les lits clos.

25 L'immobile désir des gisants me tire.
Je regarde avec étonnement
À même les noirs ossements
Luire les pierres bleues incrustées.

Quelques tragédies patiemment travaillées,
30 Sur la poitrine des rois, couchées,
En guise de bijoux
Me sont offertes
Sans larmes ni regrets.

Sur une seule ligne rangés :
35 La fumée d'encens, le gâteau de riz séché
Et ma chair qui tremble :
Offrande rituelle et soumise.

Le masque d'or sur ma face absente
Des fleurs violettes en guise de prunelles,
40 L'ombre de l'amour me maquille à petits traits précis ;
Et cet oiseau que j'ai
Respire
Et se plaint étrangement.

Un frisson long
45 Semblable au vent qui prend, d'arbre en arbre,
Agite sept grands pharaons d'ébène
En leurs étuis solennels et parés.

Ce n'est que la profondeur de la mort qui persiste,
Simulant le dernier tourment
50 Cherchant son apaisement
Et son éternité
En un cliquetis léger de bracelets
Cercles vains jeux d'ailleurs
Autour de la chair sacrifiée.

55   Avides de la source fraternelle du mal en moi
     Ils me couchent et me boivent;
     Sept fois, je connais l'étau des os
     Et la main sèche qui cherche le cœur pour le rompre.

     Livide et repue de songe horrible
60   Les membres dénoués
     Et les morts hors de moi, assassinés,
     Quel reflet d'aube s'égare ici?
     D'où vient donc que cet oiseau frémit
     Et tourne vers le matin
65   Ses prunelles crevées?

MYSTÈRE DE LA PAROLE

Poésie solitude rompue (extraits)

La poésie est une expérience profonde et mystérieuse qu'on tente en vain d'expliquer, de situer et de saisir dans sa source et son cheminement intérieur. Elle a partie liée avec la vie du poète et s'accomplit à même sa propre substance, comme sa chair et son sang. Elle appelle au fond du cœur, pareille à une vie de surcroît réclamant son droit à la parole dans la lumière. Et l'aventure singulière qui commence dans les ténèbres, à ce point sacré de la vie qui presse et force le cœur, se nomme poésie.

Parfois, l'appel vient des choses et des êtres qui existent si fortement autour du poète que toute la terre semble réclamer un rayonnement de surplus, une aventure nouvelle. Et le poète lutte avec la terre muette et il apprend la résistance de son propre cœur tranquille de muet, n'ayant de cesse qu'il n'ait trouvé une voix juste et belle pour chanter les noces de l'homme avec la terre.

[...]

La poésie colore les êtres, les objets, les paysages, les sensations, d'une espèce de clarté nouvelle, particulière, qui est celle même de l'émotion du poète. Elle transplante la réalité dans une autre terre vivante qui est le cœur du poète, et cela devient une autre réalité, aussi vraie que la première. La vérité qui était éparse dans le monde prend un visage net et précis, celui d'une incarnation singulière.

Poème, musique, peinture ou sculpture, autant de moyens de donner naissance et maturité, forme et élan à cette part du monde

qui vit en nous. Et je crois qu'il n'y a que la véhémence d'un très grand amour, lié à la source même du don créateur, qui puisse per-
25 mettre l'œuvre d'art, la rendre efficace et durable.

[...]

Le poème s'accomplit à ce point d'extrême tension de tout l'être créateur, habitant soudain la plénitude de l'instant, dans la joie d'être et de faire. Cet instant présent, lourd de l'expérience accumu-
30 lée au cours de toute une vie antérieure, est cerné, saisi, projeté hors du temps. Par cet effort mystérieux le poète tend, de toutes ses forces, vers l'absolu, sans rien en lui qui se refuse, se ménage ou se réserve, au risque même de périr.

Mais toute œuvre, si grande soit-elle, ne garde-t-elle pas en son cœur, un manque secret, une poignante imperfection qui est le signe
35 même de la condition humaine dont l'art demeure une des plus hautes manifestations ? Rien de plus émouvant pour moi que ce signe de la terre qui blesse la beauté en plein visage et lui confère sa véritable, sensible grandeur.

L'artiste n'est pas le rival de Dieu. Il ne tente pas de refaire la
40 création. Il demeure attentif à l'appel du don en lui. Et toute sa vie n'est qu'une longue amoureuse attention à la grâce. Il lutte avec l'ange dans la nuit. Il sait le prix du jour et de la lumière. Il apprend, à l'exemple de René Char, que « La lucidité est la blessure la plus rapprochée du soleil. »

[...]

45 La poésie n'est pas le repos du septième jour. Elle agit au cœur des six premiers jours du monde, dans le tumulte de la terre et de l'eau confondus, dans l'effort de la vie qui cherche sa nourriture et son nom. Elle est soif et faim, pain et vin.

Notre pays est à l'âge des premiers jours du monde. La vie ici est
50 à découvrir et à nommer ; ce visage obscur que nous avons, ce cœur silencieux qui est le nôtre, tous ces paysages d'avant l'homme, qui attendent d'être habités et possédés par nous, et cette parole confuse qui s'ébauche dans la nuit, tout cela appelle le jour et la lumière.

Pourtant, les premières voix de notre poésie s'élèvent déjà parmi
55 nous. Elles nous parlent surtout de malheur et de solitude. Mais

Camus n'a-t-il pas dit : « Le vrai désespoir est agonie, tombeau ou abîme ; s'il parle, s'il raisonne, s'il écrit surtout, aussitôt le frère nous tend la main, l'arbre est justifié, l'amour né. Une littérature désespérée est une contradiction dans les termes. »

60   *Et moi, je crois à la vertu de la poésie, je crois au salut qui vient de toute parole juste, vécue et exprimée. Je crois à la solitude rompue comme du pain par la poésie.*

Mystère de la parole

Dans un pays tranquille nous avons reçu la passion du monde,
épée nue sur nos deux mains posée

Notre cœur ignorait le jour lorsque le feu nous fut ainsi remis, et
sa lumière creusa l'ombre de nos traits

5   C'était avant tout faiblesse, la charité était seule devançant la
crainte et la pudeur

Elle inventait l'univers dans la justice première et nous avions
part à cette vocation dans l'extrême vitalité de notre amour

La vie et la mort en nous reçurent droit d'asile, se regardèrent
10   avec des yeux aveugles, se touchèrent avec des mains précises

Des flèches d'odeur nous atteignirent, nous liant à la terre
comme des blessures en des noces excessives

Ô saisons, rivière, aulnes et fougères, feuilles, fleurs, bois mouillé,
herbes bleues, tout notre avoir saigne son parfum, bête odorante
15   à notre flanc

Les couleurs et les sons nous visitèrent en masse et par petits
groupes foudroyants, tandis que le songe doublait notre enchantement comme l'orage cerne le bleu de l'œil innocent

La joie se mit à crier, jeune accouchée à l'odeur sauvagine sous les
20   joncs. Le printemps délivré fut si beau qu'il nous prit le cœur
avec une seule main

Les trois coups de la création du monde sonnèrent à nos oreilles,
rendus pareils aux battements de notre sang

En un seul éblouissement l'instant fut. Son éclair nous passa sur
la face et nous reçûmes mission du feu et de la brûlure.

Silence, ni ne bouge, ni ne dit, la parole se fonde, soulève notre
cœur, saisit le monde en un seul geste d'orage, nous colle à son
aurore comme l'écorce à son fruit

Toute la terre vivace, la forêt à notre droite, la ville profonde à
notre gauche, en plein centre du verbe, nous avançons à la pointe
du monde

Fronts bouclés où croupit le silence en toisons musquées, toutes
grimaces, vieilles têtes, joues d'enfants, amours, rides, joies,
deuils, créatures, créatures, langues de feu au solstice de la terre

Ô mes frères les plus noirs, toutes fêtes gravées en secret ; poi-
trines humaines, calebasses musiciennes où s'exaspèrent des voix
captives

Que celui qui a reçu fonction de la parole vous prenne en charge
comme un cœur ténébreux de surcroît, et n'ait de cesse que
soient justifiés les vivants et les morts en un seul chant parmi
l'aube et les herbes

Survienne la rose des vents

Lorsque le cœur s'épuise et ne trouve plus sa propre parole en route vers quelque terre étrangère

Lorsque la main de l'amante ne sonne plus et s'altère, monnaie perdue n'ayant plus cours ni pouvoir entre les mains de l'amant

5 Lorsque les pas n'inventent plus guère aucun chemin sur les grèves sèches aux pistes brûlées

Lorsque le corps aveugle sombre sous l'absence comme une source se retire quêtant sa voix souterraine

Lorsque l'ombre des querelles prochaines se profile sur le mur en
10 des aiguilles folles

Lorsque les doigts sans fièvre errent aux beaux versants du désir

Lorsque l'amour perd son fil sous des rouilles acides et que la saison des pluies ouvre ses veines sur la maison

Survienne la rose des vents sur le seuil de la porte, grande fougère
15 aux crosses rouges, dame et servante aux jupes fraîches

Que le vent soit pressenti tel un prophète véhément, que l'on respire au centre du cœur, rose pourpre, rose marine, rose amère, l'appel du monde au goût de varech

Engaine ton couteau, et toi, ramasse tes robes de toile comme des
20 paquets de voiles : chaque solitude gréée, larguez sur la mer qui flamboie, un sacrement de sel à son flanc ouvert.

Neige

La neige nous met en rêve sur de vastes plaines, sans traces ni
couleur

Veille mon cœur, la neige nous met en selle sur des coursiers
d'écume

5   Sonne l'enfance couronnée, la neige nous sacre en haute mer,
plein songe, toutes voiles dehors

La neige nous met en magie, blancheur étale, plumes gonflées où
perce l'œil rouge de cet oiseau

Mon cœur ; trait de feu sous des palmes de gel file le sang qui
10   s'émerveille.

La sagesse m'a rompu les bras

La sagesse m'a rompu les bras, brisé les os
C'était une très vieille femme envieuse
Pleine d'onction, de fiel et d'eau verte

Elle m'a jeté ses douceurs à la face
5   Désirant effacer mes traits comme une image mouillée
Lissant ma colère comme une chevelure noyée

Et moi j'ai crié sous l'insulte fade
Et j'ai réclamé le fer et le feu de mon héritage.

Voulant y faire pousser son âme bénie comme une vigne
10 Elle avait taillé sa place entre mes côtes.
Longtemps son parfum m'empoisonna des pieds à la tête

Mais l'orage mûrissait sous mes aisselles,
Musc et feuilles brûlées,
J'ai arraché la sagesse de ma poitrine,
15 Je l'ai mangée par les racines,
Trouvée amère et crachée comme un noyau pourri

J'ai rappelé l'ami le plus cruel, la ville l'ayant chassé,
    les mains pleines de pierres.
Je me suis mise avec lui pour mourir sur des grèves mûres
20 Ô mon amour, fourbis l'éclair de ton cœur, nous nous
    battrons jusqu'à l'aube

La violence nous dresse en de très hautes futaies
Nos richesses sont profondes et noires pareilles au contenu
    des mines que l'éclair foudroie.

25   En route, voici le jour, fièvre en plein cœur scellée
      Des chants de coqs trouent la nuit comme des lueurs
      Le soleil appareille à peine, déjà sûr de son plein midi,
      Tout feu, toutes flèches, tout désir au plus vif de la lumière,
      Envers, endroit, amour et haine, toute la vie en un seul honneur.

30   Des chemins durs s'ouvrent à perte de vue sans ombrage
      Et la ville blanche derrière nous lave son seuil où coucha la nuit.

Trop à l'étroit

Trop à l'étroit dans le malheur, l'ayant crevé comme une vieille peau

Vieille tunique craque aux coutures, se déchire et se fend de bas en haut

5 L'ayant habité à sueur et à sang, vétuste caverne où s'ébrèche l'ombre du soleil

Ayant épuisé de tristes amours, la vie en rond, le cœur sans levain

Nous sommes réveillés un matin, nus et seuls sur la pierre de feu

Et la beauté du jour nous trouva sans défense, si vulnérables et
10 doux de larmes

Qu'aussitôt elle nous coucha en joue comme des fusillés tranquilles.

Dossier d'accompagnement

présenté par
Marie-Thérèse Bataïni,
professeure au cégep de Saint-Laurent

À ma fille, Sophie-Hélène.

*Mes vifs remerciements à Josée Bonneville
pour m'avoir offert de participer
à la collection « Romanichels plus »
et pour ses précieux conseils.*

LE CONTEXTE LITTÉRAIRE

Trois regroupements d'écrivains ont exercé une influence notable sur l'histoire de la poésie québécoise de la seconde moitié du XIXᵉ siècle à la seconde moitié du XXᵉ siècle : l'École patriotique de Québec, l'École littéraire de Montréal et celui de *La Relève*.

L'ÉCOLE PATRIOTIQUE DE QUÉBEC

Vers le milieu du XIXᵉ siècle, c'est la ville de Québec qui est le foyer de la vie littéraire. Le Séminaire de Québec et l'Université Laval, fondée en 1852, y dispensent le cours classique et les études de droit, ouvrant aux étudiants les portes des professions libérales (le droit, la médecine), du journalisme d'opinion, de la fonction publique ou de la politique. Bon nombre d'entre eux s'intéressent à la littérature bien qu'ils la considèrent comme un loisir, un divertissement raffiné.

En 1860, réunis à la librairie du poète romantique Octave Crémazie, ils fondent l'École patriotique de Québec[1]. Ils veulent prendre le relais idéologique et littéraire de la lutte des Patriotes après l'échec de 1837-1838 et tracer les balises d'une littérature gardienne du passé, chantre de la foi catholique et du travail de la terre. Sur le plan littéraire, ils s'inspirent du romantisme français.

---

1. Ses membres sont l'abbé Casgrain, l'historien François-Xavier Garneau, son fils Alfred, Jean-Baptiste-Antoine Ferland, Joseph-Charles Taché, Pierre-Joseph-Olivier Chauveau, Antoine Gérin-Lajoie, Pamphile Lemay, Louis-Honoré Fréchette.

L'ÉCOLE LITTÉRAIRE DE MONTRÉAL
Historique

Peu à peu, cependant, Montréal supplante Québec et devient à son tour le foyer de la vie culturelle au Canada français. Une certaine effervescence culturelle[2], qui va culminer vers la fin du siècle, accompagne l'essor économique de la métropole. Plusieurs facteurs expliquent ce déplacement. D'abord, l'ouverture, en 1876, d'une annexe de l'Université Laval, rue Saint-Denis, ce qui évitera aux étudiants désireux de se former aux professions libérales — voie royale vers la littérature — de partir pour Québec ou de s'inscrire à l'Université McGill, la seule institution universitaire montréalaise jusque-là. Ensuite, le Collège Sainte-Marie, fondé par les Jésuites en 1848, en plus de dispenser le cours classique, élargit l'éventail de ses activités culturelles à la fin du XIXe siècle, ce qui favorise l'éveil littéraire chez ses élèves. Cette institution de la rue Bleury deviendra un véritable vivier que fréquenteront bon nombre de futurs membres de l'École littéraire de Montréal, et parmi eux, bien que très brièvement, Nelligan lui-même. Saint-Denys Garneau et ses compagnons de *La Relève* y feront aussi leurs études.

En cette fin du XIXe siècle, on assiste à l'émergence de nombreux cénacles — le Cercle Ville-Marie, le Club des Sans souci, par exemple —, où l'on discute de littérature. Un seul est resté célèbre, l'École littéraire de Montréal, qui voit le jour le 7 novembre 1895. Il se distingue par sa longévité (1895-1930) et par la notoriété que lui confère la participation fulgurante du poète prodige, Émile Nelligan. Rappelons les circonstances de sa fondation.

Depuis l'hiver 1894-1895, Jean Charbonneau et Paul de Martigny forment avec quatre autres jeunes gens[3] le groupe des

---

2. Voir la mine de renseignements sur ce sujet dans *La Vie culturelle à Montréal vers 1900*, sous la direction de Micheline Cambron.
3. Il s'agit de Henry Desjardins, Louvigny de Montigny, Germain Beaulieu et Alban Germain, tous étudiants du Collège Sainte-Marie.

Six Éponges. S'affublant de pseudonymes extravagants tels que Carolus Gratigny, Philémon de Beaucis ou Faolo del Ruggieri, ils tiennent des réunions — appelées saturnales — rue Sainte-Catherine, au café Ayotte, qu'ils surnomment le Petit Procope[4]. Ils y rêvent de renouveau littéraire tout en buvant de la bière servie dans de grands verres qu'ils appellent «tours de Babel». Leurs rencontres se poursuivent avec un peu plus de sérieux chez Louvigny de Montigny. Et le 7 novembre 1895, dans la Cour du Recorder[5] et grâce au juge de Montigny[6], l'École est fondée, son président et ses conseillers, nommés, et cela, en présence d'une soixantaine d'étudiants. Se réunissant d'abord tantôt chez l'un, tantôt chez l'autre, puis dans un local plus adéquat à l'Université Laval (située, à l'époque, rue Saint-Denis), ils disposent au bout d'un an d'une belle salle au Château de Ramezay dans le Vieux-Montréal.

Malgré ce que suggère son nom, l'École littéraire de Montréal ne constitue aucunement un mouvement littéraire: elle ne se dote d'aucun manifeste, d'aucun art poétique, d'aucun programme précis, hormis celui de se consacrer à l'art et à la lecture. Ses membres y discutent de poésie et commentent leurs écrits, mais ils s'intéressent aussi à l'histoire, à la philosophie et même aux sciences naturelles. Ils sont également soucieux de la langue

---

4. Le Procope est un célèbre café parisien créé en 1686. Café réputé pour ses glaces, ses fruits confits et ses liqueurs distillées, il est d'abord un lieu de rencontre pour les comédiens. Au Siècle des lumières, Voltaire, Diderot et Rousseau le fréquenteront au point que d'aucuns affirment que *L'Encyclopédie* y serait née. Montesquieu dira: «Il y a une maison où l'on apprécie le café de telle manière qu'il donne de l'esprit à ceux qui en prennent.» Plus tard, pendant la Révolution, on y verra Danton, Marat et Robespierre. Au XIXᵉ siècle, Musset, Hugo, Balzac, Verlaine et d'autres contribueront à maintenir «la réputation intellectuelle du lieu» (*Restaurants de Paris*, Paris, Gallimard, coll. «Guides Gallimard»). Le choix de ce nom dit bien la volonté d'émancipation de ces jeunes gens et leur besoin de donner un souffle nouveau à la littérature.

5. C'est ainsi que l'on désignait la cour municipale.

6. Le père de Louvigny de Montigny, un des membres de l'École littéraire de Montréal.

française qu'ils voient se détériorer sous l'influence de l'anglais. La plupart d'entre eux, issus de milieux professionnels, considèrent la littérature comme un loisir, raffiné certes, mais un loisir quand même. Seule une minorité — Nelligan, Arthur de Bussières, entre autres — appartenant à un milieu plus modeste, n'ayant pas achevé le cours classique et attirée par la bohème, s'y adonnera corps et âme, pratique plutôt inédite dans le contexte québécois de l'époque. Ce qui est remarquable, en cette fin du xixᵉ siècle, c'est que les aspirations des membres de l'École se manifestent en dehors de l'emprise du clergé ou de préoccupations politiques.

Les membres de l'École profitent de l'essor remarquable de la presse. Ainsi, entre 1895 et 1899, *Le Samedi* leur ouvre ses pages, en particulier par le moyen d'un concours que lance Louis Perron, le rédacteur en chef de l'époque. Publié par les bons soins de Louis Dantin, ami et guide de Nelligan, *Le Petit Messager du Très Saint-Sacrement* (1898-1920) accueille aussi ces jeunes poètes. Enfin, *La Patrie* (1879-1957) et *La Presse* (1884-   ), journaux à plus fort tirage, ne lésinent pas sur la place à accorder à la culture et n'hésitent pas à faire paraître des poèmes, même à la une.

L'École devient peu à peu un lieu d'animation culturelle qui attire un public nombreux. En effet, aux séances hebdomadaires s'ajoutent les séances publiques annoncées et ensuite commentées dans les journaux comme *La Patrie*, *La Presse* et *Le Monde illustré*. Voilà qui contribuera largement à faire connaître ces jeunes poètes et leur conception de la poésie, ce qu'ils recherchent ardemment d'ailleurs. La lecture de leurs textes occupe la seconde partie de ces séances, la première étant réservée à des conférences ou à un invité de marque. Ainsi, à la première d'entre elles, le 29 décembre 1898, Louis Fréchette, considéré comme le poète national, le Victor Hugo du Canada, et président d'honneur de l'École, lit *Veronica*, le drame qu'il vient d'écrire en l'honneur de Sarah Bernhardt, une célèbre comédienne française, dans l'espoir qu'elle consentira à l'interpréter. Trois autres séances publiques suivront, le 24 février, le 7 avril et le 26 mai 1899.

L'École littéraire de Montréal connaît trois périodes : la première, qui dure de 1895 à 1900, est la plus intéressante, car elle inscrit la littérature québécoise dans la modernité. Elle s'achève avec la publication, en 1900, d'un recueil de poèmes intitulé *Les Soirées du Château de Ramezay de l'École littéraire de Montréal*. La deuxième période s'amorce à l'automne 1907 avec la création de la revue *Le Terroir* dont le premier numéro paraît en janvier 1909[7]. Voilà qui constitue un virage régionaliste et un recul. La troisième période va de 1919 à 1930. Les membres de l'École littéraire de Montréal se concentrent sur la préparation d'une anthologie de la poésie canadienne-française, discutent de créations en cours et s'adonnent à la critique, domaine où se fait surtout remarquer l'auteur d'*Un homme et son péché* (1933), Claude-Henri Grignon, qui signe ses féroces pamphlets de son nom de plume, Valdombre.

En 1925 est publié le second volume des *Soirées du Château de Ramezay*, où les poètes de la première période, Nelligan, Charles Gill et Albert Lozeau, occupent une place de choix. Enfin, en 1935, Jean Charbonneau, fondateur de l'École, publie *L'École littéraire de Montréal*, ouvrage dans lequel il relate l'histoire de cette institution littéraire qui s'éteint, essoufflée.

Influences littéraires

Les librairies — Montréal en compte bien une demi-douzaine à la fin du XIXe siècle — diffusent les journaux français comme *Le Gaulois*, *Le Journal de Paris* et *Le XIXe siècle* ainsi que des revues consacrées à la littérature comme *Le Mercure de France*. Les jeunes poètes de l'École littéraire de Montréal les lisent et s'en inspirent. Lassés du romantisme de l'École patriotique de Québec, ils trouvent dans le Parnasse et le symbolisme, deux courants littéraires français de l'époque, des voies qui correspondent à leur désir de renouveau.

---

7. En quelques mois paraissent dix fascicules qui seront regroupés en un volume.

Le Parnasse

Le Parnasse est un mouvement littéraire de la deuxième moitié du XIXᵉ siècle dont le nom désigne une montagne de Grèce consacrée à Apollon, dieu de la poésie, et aux Muses. Fuyant le lyrisme et le « vague des passions » des romantiques, les poètes parnassiens — José-Maria de Heredia, Théodore de Banville, Sully Prudhomme, regroupés en 1861 autour de Leconte de Lisle — s'inspirent de Théophile Gautier, créateur de ce mouvement voué à « l'art pour l'art ». Ils entendent pratiquer une poésie impersonnelle et dénuée de toute visée morale, sociale ou politique. Leur culte de la beauté se mesure à la perfection formelle de leurs vers, du rythme et des sonorités ainsi qu'au choix des mots rares. Leur poésie, descriptive, est d'une minutieuse précision. Elle puise son inspiration dans les civilisations anciennes et les paysages exotiques.

Le symbolisme

Ce terme recouvre deux réalités : un mouvement littéraire, plutôt secondaire, dont Jean Moréas signe l'acte de naissance par son « Manifeste du symbolisme » (1886), et un courant esthétique majeur amorcé en 1857 avec *Les fleurs du mal*, de Charles Baudelaire, qui en est le précurseur. En dehors de toute école, ce courant se perpétue dans les œuvres de ses meilleurs représentants, Verlaine, Rimbaud et Mallarmé[8]. C'est dire que le symbolisme est un mouvement qui traverse toute la seconde partie du XIXᵉ siècle et ouvre la voie à la poésie moderne.

Les poètes symbolistes rejettent le matérialisme, le positivisme et le conformisme bourgeois qui caractérisent leur époque. Ils optent pour la marginalité et la vie de bohème, souvent en quête de paradis artificiels, d'où l'étiquette de « poètes maudits » qui leur est souvent accolée.

---

8. Verlaine (1844-1896) publie *Poèmes saturniens* en 1866, *Les fêtes galantes* en 1869, *La bonne chanson* en 1870, *Romances sans paroles* en 1874, *Sagesse* en 1881 et *Jadis et naguère* en 1884. Rimbaud (1854-1891), quant à lui, publie *Poésies* en 1870, *Une saison en enfer* en 1873, *Les illuminations* en 1875.

Sur le plan poétique, les symbolistes opèrent une transformation fondamentale en refusant de s'en tenir à une poésie descriptive ou anecdotique et en cultivant l'art de la suggestion. À leurs yeux, la poésie est déchiffrement du sens mystérieux de la vie, d'un sens supérieur dont les éléments de la réalité d'ici-bas ne sont que les signes ou les symboles. Et la réalité elle-même, loin de leur paraître compartimentée, constitue un réservoir d'analogies, de correspondances, chaque élément faisant écho à un autre, d'où l'importance de l'imagination, de la suggestion et des synesthésies [9] qui soulignent la primauté des sensations sur les sentiments.

Sur le plan de l'écriture, l'exploration des sensations se traduit par la recherche de la musicalité des vers à travers des jeux de sonorités, d'une versification plus souple allant du vers impair, préconisé par Verlaine, au vers libre ou au poème en prose.

Loin de susciter l'enthousiasme, ce courant s'attire de nombreuses critiques en France. Le prouvent les conférences prononcées à Montréal, en mai 1897, par le critique français Ferdinand Brunetière et, en avril 1889, par René Doumic, directeur de la *Revue des deux mondes*. Fustigeant tour à tour le Parnasse, le symbolisme et le naturalisme, ils louangent la littérature classique, selon eux insurpassable, et reprochent aux symbolistes de faire une poésie sans idées, caractérisée par la seule recherche de la musicalité. Les réactions de l'auditoire sont partagées : satisfaction chez les adeptes du classicisme et du romantisme, mais consternation chez les admirateurs du Parnasse et du symbolisme, dont Nelligan.

Jean Charbonneau, lui-même membre fondateur de l'École littéraire de Montréal, prononce à la séance publique du 7 avril 1899 une conférence sur le symbolisme, fortement teintée par le

---

9. Ce phénomène se produit lorsqu'une sensation — par exemple, une sensation visuelle — déclenche simultanément une sensation d'un autre ordre, une sensation auditive ou olfactive ou tactile. La poésie de Baudelaire en fournit d'innombrables exemples : ainsi, dans « Parfum exotique », la sensation olfactive déclenchée par le parfum de la chevelure de la femme aimée fait naître des sensations visuelles, celles d'une île exotique paradisiaque. Le sonnet intitulé « Correspondance » décrit également ce phénomène.

point de vue des deux conférenciers français, ce qui sème le désarroi parmi ses camarades poètes.

LA RELÈVE

Le troisième regroupement est constitué de jeunes gens dans la vingtaine — dont Saint-Denys Garneau[10] —, issus de la bourgeoisie canadienne-française, élèves des Jésuites du Collège Sainte-Marie et liés par une grande amitié. Ils fondent *La Relève*, une revue qui paraîtra pendant quatorze ans, durée surprenante pour l'époque : sous ce titre de 1934 à 1941, et sous celui de *La Nouvelle Relève* de 1941 à 1948. Elle couvrira donc la période qui va de la Crise économique[11] à la Seconde Guerre mondiale.

La Relève naît de la nécessité de « développer dans ce pays un art, une littérature, une pensée dont l'absence commence à [...] peser[12] ». Influencés par le philosophe catholique français Jacques Maritain, leur maître à penser[13], les fondateurs de cette revue « entend[ent] jouer un rôle social en rendant [...] la primauté au spirituel[14] ».

Dénonçant la pratique religieuse superficielle et routinière qu'elle observe autour d'elle, la « génération de la Relève[15] », catholique comme la majorité des Canadiens français, aspire à « une religion tout intérieure, personnelle, progressiste[16] ». En

---

10. Il s'agit de Robert Charbonneau et de Paul Beaulieu, les directeurs de la revue. À ceux-ci s'adjoignent Claude Hurtubise, Jean Le Moyne, Roger Duhamel, Jean Chapdelaine et Robert Élie.

11. Au Canada et au Québec, les effets de la Crise se font sentir de façon très aiguë tout au long des années 1930.

12. La direction, « Positions », *La Relève*, 1934, deuxième cahier, première série, p. 2.

13. En 1934, ce philosophe laïque néo-thomiste prononcera, à Montréal, des conférences très courues. Ses textes seront publiés dans la revue.

14. *Loc. cit.*, p. 5.

15. Cette expression désigne les membres de *La Relève*. Elle est de Jean-Charles Falardeau, qui consacre un chapitre à la revue dans *Notre société et son roman*, Montréal, HMH, 1972, p. 101.

16. André Brochu, *Anne Hébert. Le secret de vie et de mort*, Ottawa, Les Presses de l'Université d'Ottawa, 2000, p. 89.

effet, pour ces jeunes gens, le catholicisme fervent, authentique, qui ne rejette pas pour autant les autres croyances, est à la base de la renaissance spirituelle nécessaire au monde et à chaque personne. Ils accordent la primauté au spirituel dans tous les domaines de la vie sociale et jugent des événements à partir de ce critère. C'est ainsi que la Crise économique qui secoue le monde occidental est due, selon eux, à la perte des valeurs spirituelles, qu'il faut restaurer pour la juguler. Ils condamnent la bourgeoisie et le capitalisme libéral centrés sur le développement économique et aboutissant à un individualisme et à un matérialisme destructeurs. Plutôt tournés vers la France, ils s'intéressent peu à la question du Québec, ne se situant ni du côté du fédéralisme ni du côté du nationalisme. Enfin, privilégiant la spiritualité et lui subordonnant tous les aspects de la vie, ils ne proposent pas de solutions concrètes aux problèmes qu'ils abordent.

La « génération de *La Relève* » fait partie de l'élite intellectuelle de Montréal, mais d'une élite qui, à la différence de celle qui choisit les traditionnelles professions libérales ou la prêtrise, s'intéresse aux arts, à la littérature et à la philosophie et se destine au journalisme ou à l'édition. Les pages de *La Relève* font par conséquent une large part à ces domaines que les membres traitent à travers le prisme de la spiritualité. Sans adopter « une conception moralisatrice de l'art [17] » ni exercer quelque censure que ce soit, ceux-ci expriment deux points de vue en apparence contradictoires sur ce sujet : le premier veut que l'art ne serve à d'autres fins qu'à lui-même et refuse tout nationalisme militant ; le second, qu'il soit subordonné aux valeurs spirituelles [18]. Leur préoccupation spirituelle se manifeste également à travers leurs jugements sur les courants littéraires. Ainsi, ils critiquent le surréalisme parce qu'il « place l'instinct au-dessus de la raison [19] ». Le

---

17. Jacques Pelletier, « *La Relève* : une idéologie des années 1930 », *Voix et Images du pays*, V, 1972, p. 115.
18. Les membres de *La Relève* auront une préférence pour les écrivains catholiques français comme Claudel, Bernanos et Mauriac.
19. Henri Girard, « La peinture surréaliste ». Cité par Jacques Pelletier, *loc. cit.*, p. 114.

Parnasse (l'art pour l'art) ne reçoit pas non plus leur adhésion, et encore moins le réalisme et le naturalisme, «plaie mortelle de l'art contemporain[20]». Résumant le point de vue de ses amis de *La Relève*, Saint-Denys Garneau affirme : «Dans la grande révolution qui s'ébauche et qui devra être le retour de l'humanité au spirituel, il s'impose que l'art, [...] retrouve son sens perdu et soit l'expression splendide de cet élan vers le haut[21]. »

Parallèlement à leur collaboration à la revue, certains membres de *La Relève* sont aussi des romanciers[22] et des poètes, comme Saint-Denys Garneau. Et l'on reconnaît aujourd'hui que «la génération de *La Relève* [...] a transformé profondément la littérature et la pensée au Québec[23]», qu'elle a fait accéder celles-ci à «une certaine modernité», en opérant une «révolution de contenu[24]». Alors que, jusque-là, la littérature québécoise était assujettie à l'idéologie de conservation, ces écrivains ont exploré leur intériorité, «leur vérité individuelle», leur «*moi* profond[25]». Révolution certes, mais révolution déchirante et douloureuse. D'une part, leur origine montréalaise[26], leur intérêt pour la littérature étrangère, leur catholicisme plus authentique les ont rendus suspects aux yeux des «défenseurs de l'ordre établi[27]», qui les ont considérés comme le «loup dans la bergerie[28]». D'autre part, établissant une dichotomie entre valeurs spirituelles

---

20. Saint-Denys Garneau, «L'art spiritualiste», *La Relève*, vol. 1, n° 3, p. 40.

21. *Ibid.*, p. 43.

22. Robert Charbonneau et Robert Élie, par exemple.

23. André Brochu, «Saint-Denys Garneau : de l'homme d'ici à l'homme total», dans Benoît Melançon et Pierre Popovic (dir.), *Saint-Denys Garneau et* La Relève, Actes du colloque tenu à Montréal le 12 novembre 1993, Fides-CETUQ, 1994, p. 25.

24. *Ibid.*

25. *Ibid.*

26. À cause de la suspicion séculaire à l'égard de la ville, en général, et de Montréal, en particulier, jugée avant-gardiste par rapport à Québec, gardienne des valeurs ancestrales.

27. André Brochu, *loc. cit.*, p. 34.

28. Gilles Marcotte, «Sur l'essai québécois contemporain. Les années trente : de Monseigneur Camille à *La Relève*», *Voix et Images*, printemps 1980, vol. III, n° 3, p. 524.

et valeurs temporelles, préférant l'introspection à l'action, et… le vers libre, les écrivains de *La Relève* se sont en quelque sorte enfermés dans leur intériorité, et Saint-Denys Garneau, en particulier, a choisi et subi l'exclusion sociale. Précisons toutefois que ce fut aussi, jusque dans les années 1950, le sort d'autres poètes, qu'on a désignés par l'expression de « poètes de la solitude [29] », Anne Hébert, Alain Grandbois et Rina Lasnier, dont on ne découvrira l'importance que plus tard. Notons, cependant, que si les poèmes du *Tombeau des rois*, d'Anne Hébert, portent les mêmes accents de désespoir et de solitude que ceux de Saint-Denys Garneau, l'œuvre ultérieure de cette poète — avec *Mystère de la parole* et son texte liminaire « Poésie solitude rompue » — emprunte une trajectoire libératrice tournée vers le monde et vers autrui au point qu'elle donnera lieu à une lecture identitaire l'associant à la poésie engagée des années soixante-dix, lecture que récusera la poète pour qui l'« engagement le plus profond, c'est la poésie [30] ».

---

29. Remarquer le choix de ce mot comme titre du recueil posthume de Saint-Denys Garneau, préparé par ses amis. Remarquer également ce mot dans le texte d'Anne Hébert intitulé « Poésie solitude rompue ».

30. Propos d'Anne Hébert dans le film que lui a consacré Jacques Godbout (2000).

ÉMILE NELLIGAN

SA VIE
Les origines

Nelligan naît à Montréal, le 24 décembre 1879, d'un père irlandais, David Nelligan, immigré au Canada dans les années 1850, et d'une mère canadienne-française, Émilie Hudon, originaire du Bas-Saint-Laurent. Dans cette famille où se croisent deux langues et deux cultures naîtront aussi Béatrice Éva (1881) et Gertrude (1883).

Les études

De 1885 à 1897, Émile Nelligan fréquente successivement cinq écoles dont le Mont-Saint-Louis, le Collège de Montréal et le Collège Sainte-Marie. Ces changements témoignent de son peu d'intérêt pour les études, qu'il abandonne définitivement en mars 1897.

Les lieux favoris

En 1887, la famille déménage de la rue De La Gauchetière à la rue Laval, aux abords du carré Saint-Louis. Ce parc avec ses arbres et sa fontaine devient le « jardin de son enfance », celui de ses jeux, d'abord, et de ses rêveries, plus tard. C'est le paysage qui s'offre à lui de la petite chambre où il écrit. Attiré par la vie de bohème, Nelligan se plaît aussi à flâner dans les rues de Montréal, et il lui arrive de s'isoler dans des chapelles dont il apprécie le calme.

Cacouna, superbe lieu de villégiature du Bas-Saint-Laurent, est un autre de ses lieux privilégiés : la famille Nelligan y passe de nombreux étés, le père se rapprochant ainsi de la Gaspésie où il exerce ses fonctions d'inspecteur des postes, et la mère retrouvant son Kamouraska natal et Rimouski, où elle avait vécu avant son mariage et dont son propre père fut maire. Émile y jouit de tout le loisir qu'il souhaite, s'adonnant à la lecture et s'exerçant à la versification, quelquefois avec des amis montréalais, tout comme lui, passionnés de littérature.

Les rapports familiaux

Les rapports d'Émile Nelligan avec son père sont tendus. L'adolescent fugue souvent et redoute l'affrontement avec l'autorité paternelle, surtout lorsqu'il est question de résultats scolaires. David Nelligan est loin d'être un homme inculte : il aime lire en anglais comme en français et il amène souvent Émile enfant au théâtre. Cependant, en immigrant pragmatique, il ne tolère pas que son fils soit indifférent à son avenir professionnel. Or celui-ci est incapable de se plier à quelque contrainte que ce soit : ni l'emploi de commis comptable que son père lui aurait trouvé ni la vie de marin amorcée sur un cargo qui l'aurait conduit jusqu'en Angleterre ne semblent l'avoir intéressé. Les conflits éclatent, et le jeune homme défie son père en affirmant son identité française, en prononçant son nom à la française et en l'écrivant tantôt Émil Nelligan, tantôt Émil Nellighan, ou encore avec l'accent aigu, Émil Néligan. Quant à sa mère, elle souffre sans doute des écarts de son fils mais, sensible à son génie, elle le protège en couvrant ses frasques, ce qui divise le couple.

La découverte de l'art

Partageant le goût de sa mère pour la musique, Nelligan assiste à plusieurs événements artistiques. Ainsi, en 1896, il a la chance d'écouter la cantatrice d'origine canadienne-française et de réputation internationale Emma Albani (Emma Lajeunesse). Les 6 et 8 avril de cette même année, il est ébloui par les concerts du compositeur et pianiste virtuose Ignace Paderewski, à qui d'ailleurs il dédie un poème. Il va aussi voir jouer Sarah Bernhardt. Enfin, il se rend souvent à l'atelier de Casimiro Mariotti admirer le travail de ce sculpteur d'origine italienne, parrain de sa sœur Gertrude.

Cependant, la découverte de l'art passe surtout par la lecture. Selon Louis Dantin, Nelligan «n'a lu que les poètes, et il ne sait toutes choses que ce qu'il en apprend chez eux[1]». Qui sont ces poètes? Les romantiques, Victor Hugo et Lamartine; les symbolistes, Baudelaire, Rimbaud, Verlaine et Mallarmé; moins connus aujourd'hui, Rollinat et Rodenbach; les parnassiens, comme Théophile Gautier et Leconte de Lisle. À cette liste s'ajoutent Shakespeare et Edgar Allan Poe, ce dernier tant admiré de Baudelaire et de Mallarmé, ses traducteurs.

L'École littéraire de Montréal

Après avoir abandonné ses études en mars 1897, Nelligan se voue entièrement à la poésie. Ses amis Joseph Melançon et Arthur de Bussières lui parlent de l'École littéraire de Montréal. Il y est admis le 10 février 1897 après avoir soumis quelques poèmes. Guère plus assidu qu'à l'école, il ne participe que sporadiquement aux réunions, car il trouve qu'on n'y consacre pas assez de temps à la poésie. Cependant, à la fois désireux de célébrer celle-ci et de se faire connaître, il assiste aux quatre séances publiques de l'École. La première a lieu le 29 décembre 1898; Nelligan y récite trois de ses poèmes dont «Rêve de Watteau». À celle du 24 février 1899, il déclame entre autres «Le perroquet», qui inspire au critique É. De Marchy un article ironique dans *Le Monde illustré*. Meurtri, le jeune poète se replie sur lui-même. Il assiste néanmoins à la troisième séance publique où il lit entre autres «La passante». À la quatrième et dernière séance, le 26 mai 1899, il récite la célèbre «Romance du vin» qu'il a composée sous le coup de la blessure que lui a infligée la critique de De Marchy. Louis Dantin raconte que «[q]uand, l'œil

---

1. Émile Nelligan, *Poésies*, préface de Louis Dantin, postface, chronologie et bibliographie de Réjean Beaudoin, Montréal, Boréal, coll. «Compact classique», 1996, p. 24.

flambant, le geste élargi par l'effort intime, il clama d'une voix passionnée sa "Romance du vin", une émotion vraie étreignit la salle et les applaudissements prirent la fureur d'une ovation[2]. » Après ce triomphe, Nelligan s'isole et compose durant cet été qui précède son internement le célèbre « Vaisseau d'Or » et d'autres sombres poèmes comme « Je veux m'éluder ».

Les guides

Deux êtres d'exception croisent le trop bref mais riche et douloureux parcours de Nelligan : Robertine Barry et Louis Dantin. La première, de 16 ans son aînée, est cette « sœur d'amitié » qui lit ses poèmes, les commente et les fait publier, même après l'internement du jeune poète. Le second guide est Louis Dantin, le père Eugène Seers de son vrai nom. C'est au cours d'un bazar qu'il entend l'adolescent de 15 ans réciter « Le retour », un poème de Pamphile Lemay. Passionné de littérature, lecteur de Verlaine, Rimbaud et Mallarmé, ce religieux, impressionné par le génie du jeune poète, deviendra un admirable mentor et un ami sans lequel l'œuvre de Nelligan aurait sans doute sombré dans l'oubli.

L'asile

Le 9 août 1899, Nelligan est admis à la Retraite Saint-Benoît avec le diagnostic suivant : « Dégénérescence mentale. Folie polymorphe ». Il y restera jusqu'en 1925, ne recevant de sa mère affligée qu'une seule et unique visite. Il sera ensuite placé à l'hôpital Saint-Jean-de-Dieu[3] jusqu'à sa mort, en 1941. Dans ces deux institutions, coupé du monde, il effectuera docilement de menues tâches. Il recevra des visiteurs venus lui demander de réciter ses poèmes. Il se pliera à leur désir, sur un ton monocorde, quelque peu absent ; il griffonnera dans ses carnets, réécrivant ses poèmes ou recopiant de mémoire ceux de ses poètes préférés.

---

2. *Ibid.*, p. 48.
3. Aujourd'hui, l'hôpital psychiatrique Louis-Hippolyte-Lafontaine

LA DIFFUSION DE SON ŒUVRE

Depuis 1896, Nelligan ne cesse de remplir ses feuillets. Il ébauche aussi le plan d'un recueil intitulé « Le récital des anges » et un autre plan intitulé « Motifs du récital des anges », dont on a retrouvé les manuscrits. Cette même année, il fait paraître dans *Le Samedi* un premier poème intitulé « Rêve fantasque » et signé Émile Kovar [4].

De son admission à l'École littéraire de Montréal en 1897 à son internement à la Retraite Saint-Benoît en 1899, le jeune poète aura eu l'occasion de lire en public plus d'une trentaine de ses poèmes. Plus d'une vingtaine d'autres auront été publiés dans différents journaux et revues comme *Le Monde illustré* et *La Patrie*. En 1900, dix-sept poèmes dont huit inédits paraissent dans *Les Soirées du château de Ramezay* [5]. Cette même année, *Franges d'autel*, une anthologie préparée par Serge Usène (autre pseudonyme de Louis Dantin) réunit des poèmes d'inspiration religieuse, dont cinq de Nelligan.

En 1902, Louis Dantin publie sur l'œuvre de Nelligan une étude qui paraît en cinq tranches dans la revue *Les Débats*. Il y souligne l'intérêt de cette œuvre et l'importance de l'éditer. Il mènera son projet tout seul : du choix des poèmes au plan du recueil [6], de leur composition typographique à leur impression, domaine qu'il connaît bien puisqu'il remplit la fonction d'imprimeur dans sa communauté religieuse. Son travail est interrompu, ses supérieurs l'ayant surpris à travailler à cette édition. Malheureusement, cette « erreur », s'ajoutant à d'autres problèmes qu'il

---

4. Ce pseudonyme lui aurait été inspiré par le personnage Paul Kauvar de la pièce éponyme de Steve Mackaye, présentée en mai 1895 par le Cercle dramatique, dans le quartier Saint-Henri.

5. Voir la section « Contexte littéraire », p. 137. Cet ouvrage connaîtra une réédition préparée par Micheline Cambron et François Hébert sous le titre *Les Soirées du Château de Ramezay de l'École littéraire de Montréal* (1999).

6. Le plan choisi par Dantin ne correspond pas à ceux des manuscrits retrouvés de Nelligan. On ignore s'il correspond à un plan que le poète aurait ébauché postérieurement.

connaissait dans sa communauté, le forcera à l'exil définitif aux États-Unis. Il aura pris soin, avant de partir, de remettre les 70 pages dont il avait terminé l'édition ainsi que le reste du manuscrit à madame Nelligan. Celle-ci, aidée de Charles Gill, ami du poète, s'occupera de faire achever la tâche par la Librairie Beauchemin. Le recueil, intitulé *Émile Nelligan et son œuvre*, comptant 107 poèmes, paraîtra en 1904, et l'étude de Dantin, publiée deux années plus tôt dans *Les Débats*, y figurera comme préface. En 1996, reconnaissant l'apport de Louis Dantin, Réjean Beaudoin republie, sous le titre *Poésies*, cette édition originale de 1904, depuis longtemps introuvable.

Le travail inestimable de Louis Dantin ouvre la voie à deux éditions critiques de l'œuvre. La première, établie par Luc Lacourcière, est publiée en 1952 sous le titre *Émile Nelligan. Poésies complètes. 1896-1899*. Cet ouvrage reprend les 107 poèmes retenus par Dantin et en respecte la répartition en 10 sections. Il y ajoute 55 poèmes regroupés dans deux nouvelles sections intitulées «Pièces retrouvées» (dans des périodiques et non retenues par Dantin) et «Pièces posthumes» réunissant des inédits. La seconde édition critique comprend deux volumes et paraît en 1991 : le premier de ces volumes, *Poésies complètes. 1896-1941*, est préparé par Réjean Robidoux et Paul Wyczynski ; le second, *Poèmes et textes d'asile. 1900-1941*, par Jacques Michon. Cette édition englobe toute la production poétique de Nelligan, les «versions différentes d'une trentaine de pièces anciennes, par ailleurs connues [7]» et même les textes écrits à l'asile et portant la trace de la maladie mentale, mais dont la publication est indispensable pour la connaissance de tout Nelligan.

L'œuvre du jeune poète se trouve également diffusée ailleurs que dans la francophonie notamment par des traductions en anglais et en espagnol. Elle voit son public s'élargir de façon significative grâce au compositeur André Gagnon qui met en musique bon nombre de poèmes, admirablement chantés par

---

7. Réjean Robidoux, *Connaissance de Nelligan*, Montréal, Fides, 1992, p. 104.

Monique Leyrac[8], et qui crée avec Michel Tremblay l'opéra *Nelligan*. Ajoutons enfin que le souvenir du poète se perpétue de façon tangible dans la vie culturelle du Québec à travers le prix Émile-Nelligan et le prix Gilles-Corbeil, accordés par la Fondation Émile-Nelligan, respectivement à un jeune poète et à un écrivain pour l'ensemble de son œuvre.

L'ŒUVRE ÉTUDIÉE
La composition de l'œuvre

Le présent recueil propose quelque 30 poèmes des 162 que compte *Poésies complètes. 1896-1899*, l'édition établie par Luc Lacourcière en 1952. Les poèmes retenus ici sont puisés dans chacune des 12 sections de cette édition, dont voici un bref aperçu.

I. « *L'âme du poète* »

Le titre de la première section du recueil signale que les trois poèmes qui la composent annoncent les thèmes principaux de l'œuvre de Nelligan. Dans « Clair de lune intellectuel », le poète définit sa pensée, qui accorde la primauté à l'esprit sur la matière. Il y livre également son art poétique, qui est art de la suggestion et recherche de sensations. « Mon âme » évoque son enfance pieuse et déplore la fatalité qui le plonge dans un monde abject. Poème emblématique de Nelligan, le célèbre « Vaisseau d'Or » clôt cette courte section en traçant lucidement la fulgurante trajectoire qui mène le poète, pourtant plein de ressources et de nobles aspirations, à la folie. La succession des poèmes montre que le noir — couleur associée à l'angoisse, au mal de vivre et à la mort, au « naufrage » dans la maladie mentale — prend graduellement le pas sur le blanc, associé à l'innocence et à l'enfance.

De la même manière, les parties suivantes du recueil tracent une courbe descendante qui mène le poète des jours heureux de

---

8. Plusieurs des poèmes de la présente anthologie se trouvent sur le CD intitulé *Monique Leyrac chante Nelligan*, sous étiquette Analekta (novembre 2000), réédité dans un coffret de trois CD intitulé *Leyrac. La Diva des années 60* (mai 2007).

l'enfance à la tristesse et aux visions hallucinatoires qui envahissent les dernières sections. Douloureux états psychologiques
prémonitoires de la maladie mentale qui, loin de flétrir la force
créatrice de Nelligan, la ravivent et la décuplent. Cependant, ce
mouvement qui montre « [l]e noir l'emport[er] sur le blanc[9] » ne
doit pas dissimuler le fait que la nostalgie, l'horreur de la réalité,
la douleur ou le mal de vivre perpétuels chez Nelligan minent à
des degrés divers chaque poème.

II. « Jardin d'enfance »

À travers 15 poèmes, Nelligan célèbre son enfance et la pleure
en même temps, car l'évocation de cette période heureuse ne fait
qu'accentuer la détresse de son âme.

III. « Amours d'élite »

La quête d'un amour idéal inspire à Nelligan les 12 poèmes de
cette section qui évoquent des figures féminines imaginaires,
inaccessibles ou même mortes. Ce rêve d'amour jamais réalisé
trouve son expression la plus noble et la plus douloureuse dans
« Châteaux en Espagne ».

IV. « Les pieds sur les chenets »

Les 15 poèmes de cette partie du recueil qui comprend le
célèbre « Soir d'hiver », que la musique de Claude Léveillé a si
bien contribué à faire connaître, situent le poète, envahi par le
mal de vivre, dans des lieux clos, l'hiver. On y lit également
l'évocation admirative de Paderewski et de Chopin, dont la musique est associée tantôt à la rupture amoureuse tantôt au passé
heureux mais révolu.

V. « Virgiliennes »

Le titre de la cinquième section, où domine le ton de la pastorale, se réfère au poète latin Virgile et annonce le thème de la

---

9. Paul Wyczynski, *Nelligan. 1879-1941*, Montréal, Fides, p. 484.

nature que développent de manière exquise « Rêve de Watteau »
et « Violon de villanelle ». Ici et là, le mal de vivre resurgit pourtant, trouvant dans la nature tantôt un écho, tantôt un apaisement et un espoir.

VI. « Eaux-fortes funéraires »

Les neuf poèmes de cette section baignent dans une atmosphère macabre à travers l'évocation de la mort, du cercueil et du
corbillard, de Lucifer et des fantômes des ancêtres. Y figurent le
poème iconoclaste « Banquet macabre » et le sonnet « Les corbeaux », inspiré de l'admirable « Corbeau », d'Edgar Allan Poe.

VII. « Petite chapelle »

Cette section réunit 14 poèmes d'inspiration religieuse dédiés
par Nelligan à son guide et ami Louis Dantin [10]. Parmi ces
poèmes, le surprenant « Notre-Dame-des-Neiges », qui mêle foi
naïve et engagement politique.

VIII. « Pastels et porcelaines »

Le titre de cette section composée de 12 poèmes en signale
l'inspiration parnassienne. Pourtant, si de curieux personnages y évoluent dans de riches décors, au milieu de missels en
velin, de tapis hongrois, de vieilles porcelaines, de pastels
lumineux, il arrive qu'un de ces objets rares et précieux, le
« [p]otiche [11] », par exemple, renvoie le poète à son drame intérieur substituant le lyrisme romantique à la neutralité parnassienne. Par ailleurs, étrangement, « Paysage fauve » conduit le
lecteur loin de ces salons cossus, dans un paysage nordique,
habité par des loups.

---

10. Nommé dans cette section par le pseudonyme de Serge Usène. Cette veine
    religieuse était fortement encouragée par Robertine Barry et par madame
    Nelligan, toutes deux inquiètes de l'évolution psychologique du jeune poète.
11. Ce mot était masculin au XIXe siècle.

IX. « Vêpres tragiques »

Cette courte section de six poèmes est dominée par le thème de la mort. Dans « Marches funèbres », Nelligan décrit l'effet de la musique qui le pousse à la rencontre des « voix funèbres » en lui : incursion risquée qui le laisse en proie à des hallucinations.

X. « Tristia »

Cette section comprend 13 poèmes aux thèmes variés comme l'art, l'enfance et la religion, tous imprégnés d'une grande tristesse. Elle s'amorce par « Le lac », allégorie de l'existence qui tue l'espoir et les rêves de ceux qui la chérissent. Elle présente la jeunesse du poète qui file dans l'indifférence générale, tout comme une « pauvre passante », « femme voilée » disparaissant dans la nuit (« La passante », v. 9 et 2). La célèbre « Romance du vin », où se lit la douloureuse condition du poète, clôt cette section ainsi que le recueil tel que l'avait conçu Louis Dantin.

XI. « Pièces retrouvées »

Outre les tout premiers poèmes signés Émile Kovar, cette section compte 35 pièces disposées dans l'ordre chronologique de leur publication dans des revues. S'y trouvent des poèmes célébrant poètes et artistes tels que Baudelaire, Dante et Chopin ; des poèmes d'inspiration religieuse ou autobiographique, dont « À une femme détestée [12] » ; ou encore le célèbre « Un poète [13] », un double de Nelligan, victime du mépris de ses contemporains. Y figurent également quelques « fragments » annonciateurs des poèmes hallucinatoires de la section suivante.

---

12. Il s'agirait de Robertine Barry, voir la section sur les thèmes, p. 156.
13. Paru dans la revue *Le Terroir* en 1909, et inspiré par un poème anglais intitulé « A dreamer », lui-même paru dans *Le Samedi* et que Nelligan avait consigné dans son « scrapbook » avec la mention *London Sun*.

XII. « *Poèmes posthumes* »

Regroupant une vingtaine de poèmes inédits dont plusieurs s'apparentent à ceux des « Virgiliennes », cette dernière section comprend également des textes hallucinatoires comme « Je m'élude » et « Le spectre », textes qui portent l'empreinte d'Edgar Allan Poe [14], où perce le « délire paranoïaque » de Nelligan à la veille de son internement.

Les thèmes
L'enfance

L'enfance est certainement une puissante source d'inspiration pour Nelligan. Ne l'affirme-t-il pas dans « Le berceau de la muse » :

De mon berceau d'enfant j'ai fait l'autre berceau
Où ma muse s'endort dans les trilles d'oiseau,
Ma Muse en robe blanche, ô ma toute maîtresse (v. 1 à 3) ?

Le poète évoque cette période de sa vie en la situant tantôt dans le paradis d'un jardin fleuri, « Le jardin d'antan », tantôt dans une villa richement décorée de tissus précieux, « guipure », « moire », « brocart » (« Devant mon berceau » v. 1 et 2), éclairée soit par les rayons dorés du soleil couchant (« Ruines », v. 4), soit par un feu de cheminée (« Devant le feu », v. 5). Le blanc et l'or, deux couleurs connotant la pureté et la beauté, y dominent.

Dans ce décor où règnent chaleur et sérénité veille une mère sensible, aimante et aimée, une mère « muse », indissociable de l'art et de l'ivresse qu'il procure, ce qui inspire au poète le vers suivant : « Ô toute poésie, Ô toute extase, Ô Mère » (« Ma mère », v. 6). Y évoluent également ses petites sœurs, joyeuses et insouciantes, dansant le « menuet », chantant des « lieds « ou des « ritournelles » (« Le jardin d'antan », v. 10, 14 et 15). Des sœurs

---

14. Grand maître du fantastique que Nelligan lisait sans doute avidement dans le texte original ou dans les traductions de Baudelaire ou de Mallarmé.

avec lesquelles, feuilletant des livres d'images et de légendes, Nelligan enfant a le sentiment de régner sur le monde (« Devant le feu », v. 4). Il s'agit là, sans aucun doute, de l'évocation d'un passé heureux dont la figure du père est toutefois absente.

Cependant, loin de réjouir le poète, ces souvenirs suscitent une souffrance telle qu'il regrette que sa vie ne se soit pas interrompue au berceau, que ce symbole de protection ne lui ait pas servi de cercueil (« Devant mon berceau », v. 13 et 14). Loin de consoler le poète en proie à la névrose, ils le rendent encore plus « amer » (« Le jardin d'antan », v. 25). Et, par un douloureux contraste avec la pureté blanche et la tendresse maternelle dans lesquelles a baigné son enfance, le poète ne trouve rien de mieux pour illustrer sa jeunesse que l'image fugitive d'une « passante » qui se dissipe dans le noir d'un « grand parc obscur » au milieu de la plus grande indifférence (« La passante », v. 2).

L'amour

« Le désir d'aimer est constamment présent dans l'œuvre de Nelligan », écrit Paul Wyzcynski. Ce désir est cependant rarement comblé et l'amour semble un idéal impossible à atteindre. Le thème de l'amour se développe dans cette œuvre à travers l'évocation de quelques figures féminines dont la première est, certes, celle de la mère du poète. À l'âge où les jeunes gens se détachent de leurs parents, voilà que le jeune Nelligan s'attarde à la figure maternelle et à ses traits particuliers — « mains », « front », « voix », « yeux » (« Ma mère » v. 1, 3, 4 et 5) — et les associe à des objets précieux comme l'« éblouissant miroir vénitien » et à des matières nobles comme le « marbre » (« Devant deux portraits de ma mère », v. 4 et 6). Il décrit également l'attitude maternelle empreinte de tendresse envers lui : « Elle [le] baise au front, [lui] parle tendrement » (« Ma mère », v. 1 et 3). Cette relation est une relation d'admiration, de sacralisation même : c'est à « l'autel de ses pieds » que le poète « l'honore » (« Ma mère », v. 7). Elle est franchement osmotique, la figure de la mère se confondant avec ce que le poète a de plus intime, de plus douloureux : « sa vague chimère» (v. 5), et ce qu'il a de plus précieux: la «poésie» (v. 6). Voilà donc un amour réciproque inconditionnel, un amour maternel et filial d'une force que le poète ne revivra avec personne d'autre. La figure maternelle est relayée par celle de Robertine Barry, Françoise de son surnom, à qui Nelligan consacre un cycle de trois poèmes traçant une courbe descendante qui mène de la plus haute admiration à l'humiliation et à la haine. Dans «Rêve d'artiste», cette femme représente la «sœur angélique», la «sœur éternelle», la «sœur d'amitié» (v. 2, 5 et 6), celle que l'on désire pour guide dans le «règne de l'Art» (v. 6) comme dans la vie tout court. Mais cet amour fraternel idéal devient malheureux dans «Beauté cruelle» où le poète met en scène un couple mal assorti: beauté mais dédain chez elle; laideur mais générosité chez lui, une générosité qui le rend prêt à tout pour réaliser son idéal d'un amour unique. Cet amour se change en haine dans «À une femme détestée [15]», celle d'un jeune homme probablement éconduit, mortifié, qui y fait la mise au point suivante pour dissiper tout soupçon malveillant: «Moi, sans amour jamais qu'un amour d'Art, Madame» (v. 9).

Autre figure féminine à émerger dans l'œuvre de Nelligan: celle de Gretchen, «une jeune Allemande qui demeurait dans le voisinage de Nelligan, qu'il admirait comme une sorte d'Aurélia, mais à qui il n'osa jamais parler [16]». Elle lui inspire un autre cycle de poèmes dont «Hiver sentimental» et «Placet». Dans l'atmosphère glauque du premier, Gretchen, nommée «[m]a mie» (v. 6), devient «une confidente nocturne qui console l'âme névrosée du rêveur [17]», une confidente qui partage le même désir de mort que le poète (v. 7 et 8). Ce qui écarte la réalisation de l'amour. Dans le second, elle est «[r]eine» aimée et ne mérite pas moins qu'un

---

15. La journaliste publiera ce poème dans son propre journal *Le Journal de Françoise*, en 1908.
16. Émile Nelligan, *Poésies complètes. 1896-1899*, Montréal, Fides, coll. «Le Nénuphar», 1952, p. 290.
17. Paul Wyczynski, *op. cit.*, p. 209.

« [p]lacet », un écrit adressé à un souverain. Leur amour ne peut cependant se réaliser qu'ailleurs, « sur la mer idéale », loin de la tempête qu'est la vie (v. 12).

L'impossibilité de vivre l'amour se lit également dans « Jardin sentimental », probablement inspiré par une autre figure féminine : celle d'une jeune fille inconnue qu'André Vanasse [18] se plaît à dénommer Ilse et à imaginer sous les traits d'une jeune Suisse allemande de quinze ans, morte très peu de temps après sa rencontre avec Nelligan sur le mont Royal. Là aussi, c'est ailleurs, « aux astres de Vesper » (v. 18) que les amoureux aspirent à monter et à vivre leur amour.

Cette difficulté à réaliser son idéal d'amour, Nelligan l'évoque en outre dans deux autres poèmes, en dehors de toute référence à une figure féminine précise. Dans « Châteaux en Espagne », le poète, nouvel Icare, voit ses « rêves altiers fond[re] comme des cierges/Devant […]/La ville de l'Amour imprenable des Vierges » (v. 12 à 14). Et le naufrage du « Vaisseau d'Or » attiré par la Sirène n'épargne pas sa figure de proue, « la Cyprine d'amour », Aphrodite émancipée et sensuelle aux « cheveux épars » et aux « chairs nues » (v. 3 et 4).

L'idéal

Le pays de Nelligan n'a rien à voir avec celui de ses contemporains : pays idéal, il est tout intérieur, mais trouve ses représentations dans les sphères supérieures, immatérielles, célestes, illuminées d'astres et peuplées d'anges. Être aérien, tendu vers l'ailleurs, il précise, dans « Clair de lune intellectuel », que sa pensée « court […]/Au pays angélique » et « rêve l'essor aux célestes Athènes » (v. 9, 10 et 12).

À cet idéalisme sont également associées la neige et sa couleur blanche symbolisant la pureté et l'innocence, d'où les mots « candeur » (v. 1) et « candide » (v. 9) que le poète choisit pour se

---

18. André Vanasse, *Émile Nelligan. Le spasme de vivre*, Montréal, XYZ éditeur, coll. « Les grandes figures », 1996, p. 90-100.

définir dans « Mon âme », d'où également la comparaison de cette âme avec la « neige aux hivers » (v. 11).

Outre les images aériennes aux connotations religieuses, Nelligan puise également dans le monde des vivants pour illustrer son idéalisme. Il s'identifie alors à l'oiseau, au « royal oiseau, vautour, aigle et condor » ou même à Icare pour s'élever et « planer au divin territoire » (« Châteaux en Espagne », v. 5 et 6) en quête d'absolu, « le céleste Trésor » (v. 8). Cependant, l'image la plus forte pour symboliser cet idéalisme, image reprise dans maints poèmes, est celle du « vaisseau », métaphore du cœur du poète. Navire peu ordinaire, « taillé » dans la matière minérale la plus précieuse, l'« or » ; navire dont le parcours sur les « mers inconnues » n'empêche nullement l'ascension vers le monde idéal, puisque « Ses mâts touch[ent] l'azur » (« Le Vaisseau d'Or », v. 1 et 2). C'est aussi sur un « vaisseau » voguant sur « la mer idéale » que le poète et la femme aimée veulent fuir la tempête et sceller leur amour (« Placet », v. 12). Et c'est encore « dans un grand vaisseau vert » que le poète et l'être aimé « rêv[ent] de monter aux astres de Vesper » (« Jardin sentimental », v. 17 et 18). Vaisseau indispensable pour celui que l'existence et la réalité matérielle heurtent et déçoivent, pour un être qui aspire à s'élever au-dessus de ce monde.

Le mal de vivre

Chez Nelligan, l'idéalisme côtoie la tristesse, terme général qui, dans ses poèmes, englobe la mélancolie, l'ennui, la détresse, dégénérant en névrose et même en folie. Cette tristesse, le critique Réjean Robidoux la considère comme « une disposition native, un trait de tempérament [19] » du poète, et ajoute que celui-ci, loin de s'en distraire ou de s'en détourner, y voit même « le registre suprême et le facteur privilégié de l'art [20] ». Tout comme sa quête d'absolu, cette tristesse est donc un état auquel Nelligan

---

19. Réjean Robidoux, *op. cit.*, p. 27.
20. *Ibid.*, p. 27.

ne peut échapper, une sorte de fatalité, ce qui lui dicte le vers suivant de « Mazurka » : « Malgré que toute joie en ta tristesse sombre » (v. 10).

Aussi cet état d'âme domine-t-il dans bon nombre de poèmes qui en décrivent les manifestations : « larmes », « pleurs », « sanglots ». Manifestations que Nelligan dissimule aussi derrière le rire, le rire forcé, « amer », plein de « rage » de « La romance du vin » (v. 17) ou le rire profanateur du « Banquet macabre » (v. 1 et 3). Un état d'âme qui l'ébranle encore plus violemment comme l'indique ce vers de « À une femme détestée » : « Pendant qu'en moi grondait le volcan des ennuis » (v. 8).

La tristesse enracinée chez le poète imprègne sa vision du monde, la teinte d'un désespoir que la toute dernière strophe du « Lac » décrit admirablement à travers la métaphore du naufrage :

> Ainsi la vie humaine est un grand lac qui dort
> Plein sous le masque froid des ondes déployées
> De blonds rêves déçus, d'illusions noyées
> Où l'Espoir mire vainement ses astres d'or.

Entièrement absorbé par sa vie intérieure et ses rêves, Nelligan voit le monde sous un jour menaçant : il est « menteur, flétri, blasé, pervers », plein de « volupté sordide », affirme-t-il dans « Mon âme » (v. 10 et 12). La vie est trompeuse avec ses « chants sophistiqueurs », déplore-t-il dans « Hiver sentimental » (v. 7), il faut en détourner son regard pour ne pas « [se] souille[r] » (v. 2). Elle recouvre de noir le blanc et l'or de l'enfance. Ainsi, dans « Soir d'hiver », le poète constate que « [s]on âme est noire » (v. 7) ; dans « Jardin sentimental », qu'elle est « fermée ainsi qu'un donjon noir » (v. 9). Enfin, dans « Devant le feu », la vie est un « champ noir » que sa jeunesse doit traverser « arme au poing, toute en sang » (v. 14).

Le mal de vivre provoque le désarroi et le déséquilibre qui se lisent soit dans les interrogations « Où vis-je ? où vais-je ? » de « Soir d'hiver » (v. 7), soit à travers la douloureuse constatation

du célèbre vers de « La romance du vin » à l'oxymore frappant :
« Moi qui marche à tâtons dans ma jeunesse noire » (v. 28). La
tristesse va même jusqu'à lui faire souhaiter la mort, qu'il qualifie
de « bon Trépas » (v. 8) et qu'il appelle de tous ses vœux dans
« Hiver sentimental » : « Mort ! que ne nous prends-tu par telle
après-midi » (v. 11).

Tantôt lucide, Nelligan emploie le vocabulaire de l'affectivité
et de la psychologie pour nommer les rivages dangereux vers
lesquels le conduit la tristesse : ainsi les mots « Dégoût, Haine et
Névrose » (v. 11), états personnifiés pas les « marins profanes »
(v. 10) du « Vaisseau d'Or » ; le mot « Rêve » (v. 14), au sens
d'univers que le poète se construit pour échapper au réel ; les
adjectifs « névrosés », « moroses » (« Le jardin d'antan » v. 31 et
33) ou « fou » dans « Je veux m'éluder » (v. 7).

Tantôt en proie au délire et aux hallucinations, Nelligan se voit
livré aux « corbeaux », charognards représentant ses « ennuis/
Vastes », qui mettent sa vie « en loque » et s'en font un « régal »
(« Les corbeaux », v. 10, 11 et 6). Ou encore, son « rêve qui rôde
étrangement » lui fait apparaître un étrange « troupeau spectral
de zèbres » (« Marches funèbres », v. 10 et 9). Ses hallucinations le
jettent enfin dans les bras du « Spectre », un « Spectre des
Ennuis » (v. 23) qui se dit son « frère » (v. 24), son double, et à
l'invitation duquel cependant il accourt.

Et c'est sans doute le célèbre « Vaisseau d'Or » qui condense le
mieux dans ses quatorze vers le parcours de Nelligan et l'issue
tragique vers laquelle mènent l'exploration et l'expression de la
tristesse. Au départ, représentation d'un cœur tendu vers l'idéal,
ce vaisseau devient le symbole du destin funeste dont le poète a
l'extraordinaire prémonition. Le plus tragique, pense Réjean
Robidoux, c'est que « non seulement le poème exprime-t-il ce
désastre, mais [qu']il contribue à coup sûr à le causer[21] ».

---

21. *Ibid.*, p. 22.

L'art

Nelligan ne peut concevoir son existence en dehors de la poésie : « Il est certainement le premier au Québec à donner l'exemple d'un tel dévouement à l'écriture poétique. [...] La patrie de Nelligan, c'est l'espace intérieur de son aventure intellectuelle, c'est le royaume supérieur de l'art », écrit Réjean Beaudoin[22]. Et c'est précisément par le mot « Art » que le poète désigne son activité créatrice, réalité à laquelle la majuscule confère une dimension sacrée. Cette singularité de Nelligan le force à définir sa conception de la poésie et à décrire sa condition de poète à même son œuvre.

Dans « La romance du vin », après avoir célébré sa poésie à travers la formule laudative « Vive le vin et l'Art ! » (v. 13), Nelligan[23] précise qu'elle est l'expression impérative de son intériorité, entièrement tournée vers une quête d'absolu. Ainsi, il suit le « chemin/Où l'Idéal [l]'appelle en ouvrant ses bras roses » (v. 21 et 22). Son double, qu'il dépeint dans « Un poète », possède une « âme angélique » (v. 3) et évolue dans un univers supérieur que les mots « espace » (v. 3), « ciel » (v. 4), « étoile » (v. 7), et « blancheur céleste » (v. 8) décrivent bien. Tendu vers cet idéal qui l'élève au-dessus du monde matériel et du commun des mortels, le poète est « un rêveur qui passe » (v. 2) et se sent étranger au monde.

Par conséquent, sa poésie, qui explore l'intériorité, est douloureuse, elle est « aussi triste que pure » (« Un poète », v. 5) ; c'est une poésie lyrique dont les « vers gémiront des musiques funèbres » (« La romance du vin », v. 15). Une poésie qui accorde

---

22. Réjean Beaudoin, « La fortune littéraire d'Émile Nelligan », postface à la réédition de *Poésies*, d'Émile Nelligan, Montréal, Boréal, coll. «Compact classique», 1996, p. 213-214.

23. Mentionnons une des significations symboliques du vin proposée par le *Dictionnaire des symboles*, de Chevalier et Gheerbrant (Paris, Robert Laffont, coll. «Bouquins», 1994) : « L'âme éprouve le miracle du vin comme un divin miracle de la vie : la transformation de ce qui est végétatif en esprit libre de toutes les attaches. » N'est-ce pas le cas de Nelligan qui ne fait aucune concession aux diktats esthétiques de son époque ?

une place centrale aux éléments de la nature : « vents d'automne », « brouillard », « grands soirs d'orage » et « clair de lune » (« La romance du vin », v. 16 et 20), mais d'une nature qui n'a rien de serein ni de bucolique et avec laquelle Nelligan, en poète romantique, se sent en communion puisqu'elle reflète son état d'âme et ses tourments intérieurs.

Bien que très jeune, Nelligan est animé par un désir de reconnaissance : il « rêve de faire des vers célèbres » (« La romance du vin », v. 14). Malheureusement, ce désir est loin d'être comblé puisqu'il se heurte à l'incompréhension du public qui se moque de sa quête, « dédaign[e] [sa] vie et repousse [sa] main » (v. 24), un public qu'il désigne d'ailleurs par les termes péjoratifs de « foule méchante » (v. 12).

« Objet du mépris » (v. 18), Nelligan se sent alors marginal et réagit à son sort de différentes façons. Dans « Un poète », il implore ses contemporains de respecter sa marginalité, de cesser d'être cruels envers lui : « Laissez-le vivre sans lui faire de mal », leur demande-t-il (v. 1). Et, avec une ingénuité désarmante, il place ce poète, son double, sous la protection de Dieu qui, au jugement dernier, redressera les torts en révélant à tous le visage méconnu de celui qu'ils auront rejeté (v. 13 et 14). Dans ce même poème, il réagit également par l'ironie lorsqu'il conseille à ses contemporains de persister dans leur indifférence, leur manque de compassion ou leur moquerie à son égard (v. 10 à 12).

Dans « La romance du vin », Nelligan prend la figure de poète maudit et répond au mépris dont il fait l'objet par une gaieté forcée, factice ; à preuve la répétition de la phrase exclamative « Je suis gai ! » (v. 9, 13, 29 et 30). Une gaieté qui est l'effet du vin et qui se manifeste par un rire irrépressible, le rire du désenchantement et de la colère, admirablement rendus par l'allitération en « r » du célèbre vers : « C'est le règne du rire amer et de la rage » (v. 17). Ce rire exacerbé qui masque les sanglots dans « La romance du vin » acquiert une force iconoclaste dans « Banquet macabre » puisqu'il retentit jusque chez les ancêtres dont le poète veut troubler le sommeil éternel (v. 7 et 8). Pis encore, dans « Je veux m'éluder », Nelligan cherche même à s'aliéner, à devenir fou et à rejoindre par cette attitude excessive tous ceux qui tournent en dérision sa force créatrice, la « vierge Intelligence » (v. 14), sa folie allant jusqu'à lui faire « béni[r] » (v. 12) ces gens méprisables et à considérer leur compagnie comme un « havre » (v. 10).

La poésie de Nelligan révèle la difficile condition du poète qui, dans une société où la littérature est soit l'instrument d'une idéologie soit un loisir, obéit à sa voix intérieure sans concession aucune.

L'écriture

Si l'œuvre de Nelligan insuffle une vie nouvelle à la poésie québécoise et lui ouvre la voie de la modernité, elle demeure fidèle à la tradition pour ce qui est des formes poétiques et de la versification.

Les poèmes à forme fixe

Les rondels et les sonnets sont les deux poèmes à forme fixe que pratique Nelligan. Le **rondel**, poème composé de treize vers divisés en trois quatrains et un monostique, très en vogue à la Renaissance et repris par les parnassiens, plaît au poète en raison de sa structure circulaire. En effet, les deux premiers vers sont repris après le sixième, et le premier est aussi repris dans le monostique final. Les rimes, au nombre de deux, sont croisées dans la deuxième strophe et embrassées dans les deux autres. Nelligan respecte scrupuleusement ces règles dans « Clair de lune intellectuel » et dans « Placet ». Il se permet toutefois quelques libertés dans « Potiche », où le monostique final forme une antithèse avec le tout premier vers, et dans « Marches funèbres », où le monostique final clôt la gradation que dessinent le premier et le septième vers.

Nelligan manifeste également une prédilection pour le **sonnet**, poème à forme fixe très courant au XVIe siècle, lui aussi remis en valeur par Baudelaire et par les parnassiens, précisément à cause des contraintes qu'imposent ses quatorze vers répartis en deux quatrains et deux tercets. Près de la moitié des poèmes de Nelligan sont des sonnets, tantôt réguliers, c'est-à-dire bâtis sur cinq rimes (ABBA ABBA CCD EED ou EDE) comme dans « Châteaux en Espagne » ; tantôt irréguliers, c'est-à-dire sur sept rimes, comme dans « Le Vaisseau d'Or ».

Ces sonnets présentent souvent la structure binaire traditionnelle de ce genre strophique. Par exemple, dans « Le Vaisseau d'Or », « La passante » et « Les corbeaux », les quatrains renferment le comparant, et les tercets, le comparé. Cette structure binaire comparative[24] n'est d'ailleurs pas réservée qu'au sonnet (voir « Le lac »). De comparative, elle devient antithétique dans les sonnets intitulés « Devant le feu » et « Ruines », où les quatrains évoquent le passé heureux du poète, et les tercets, un présent douloureux. Elle apparaît également dans « Beauté cruelle », où s'opposent une relation amoureuse réelle et une relation imaginaire, et dans « Châteaux en Espagne », où le rêve de grandeur du poète cède la place à la réalité affligeante.

Le choix de ces formes fixes révèle, chez Nelligan, la recherche parnassienne de la perfection formelle. Cependant, le lyrisme romantique vient constamment irriguer ses poèmes, et le recours aux représentations imagées et symboliques de ses états d'âme l'apparente aux poètes symbolistes.

Outre les rondels et les sonnets, les poèmes de Nelligan présentent un éventail de formes comme les distiques de « Ma mère », les tercets de « Jardin sentimental », les quintils de « Soir d'hiver » ou encore les sizains du « Jardin d'antan ».

La musicalité du vers

Il est difficile de ne pas souscrire au jugement de Louis Dantin qui affirmait que Nelligan était « un grand musicien de syllabes », qu'il faisait « sonner de façon [...] experte le cliquetis des mots[25] ». Certes, dès l'enfance, la sensibilité du poète aux rythmes

---

24. Voir p. 169 les remarques sur l'allégorie.
25. Louis Dantin, « Préface », dans Émile Nelligan, *Poésies*, *op. cit.*, p. 42-43.

et aux sonorités s'affine au contact de sa mère musicienne et elle imprègne son œuvre tout comme elle lui inspire des poèmes sur le thème de la musique.

Le rythme

Fidèle à la tradition, Nelligan use la plupart du temps de l'alexandrin. Il lui arrive cependant de varier la longueur du vers. Ainsi, « Soir d'hiver » est en vers octosyllabes, et « Le jardin d'antan » présente des vers hétérométriques. Dans « Le spectre », les octosyllabes de chaque septain sont entrecoupés d'un vers de trois syllabes. Par ailleurs, pour un décompte parfait des syllabes, Nelligan n'hésite pas à recourir à la diérèse, comme dans ce vers du « Lac » : « De blond rêves déçus, d'illusi/ons noyées » (v. 15).

Dans les vers pairs, Nelligan respecte généralement la césure classique à l'hémistiche, dont « La passante » offre un exemple d'autant plus réussi qu'on y trouve un parallélisme : « Mais nul ne l'aimera, nul ne l'aura comprise » (v. 14). Cependant, comme dans les vers suivants de « Clair de lune intellectuel » (v. 5 et 6), il ne se prive pas de varier le rythme en usant du trimètre du vers romantique :

En un jardin sonore,/au soupir des fontaines, (césure à l'hémistiche : 6/6)
Elle a vécu/dans les soirs d'août/dans les odeurs ; (trimètre : 4/4/4)

Enjambements, rejets et contre-rejets ne manquent pas non plus chez Nelligan qui fait même quelquefois preuve de hardiesse comme dans « Je veux m'éluder », où il place un mot outil à la rime : « Oui, je voudrais me tromper **jusque**/En des ouragans de délires. » (v. 3 et 4)

D'autres moyens contribuent au rythme des poèmes : les répétitions, dont « Soir d'hiver » et « La romance du vin » offrent de nombreux exemples ; les nombreuses anaphores et gradations, procédé admirablement illustré dans « Ma mère » par le vers au rythme parfait (6/4/2) : « Ô toute poésie, ô toute extase, ô Mère ! » (v. 6).

Les sonorités

« Dans l'ensemble, on ne dira jamais assez combien la **rime** a été inspiratrice pour Nelligan », affirme Réjean Robidoux[26]. En effet, le poète manifeste sa grande sensibilité aux sonorités par le choix de rimes généralement riches comme dans « Clair de lune intellectuel » et « Placet ». Il va jusqu'à faire rimer les césures comme dans ces vers de « Jardin sentimental » : « Le vieux perron croul**ant** parmi l'effroi des lierres,/Nous parlait des aut**ans** qui chantaient dans les pierres » (v. 10 et 11). Il arrive même qu'un mot exotique, voire discordant, s'impose en raison de sa parenté sonore avec des mots qui précèdent. Ainsi, dans « Notre-Dame-des-Neiges » (v. 6 et 8), le mot « bîva » ou biwa (luth japonais) rime avec le verbe « aller » du vers « La belle Vierge va », réalité religieuse bien d'ici.

La musicalité des vers repose également sur les allitérations, dont le célèbre « Soir d'hiver » offre d'admirables exemples, allitérations qui se combinent souvent avec des assonances (« Comme tout alentour se tourmente et sanglote » [«Le lac », v. 5]). Ces jeux de sonorités foisonnent dans la poésie de Nelligan.

Le don de l'image

« Ce qui met aujourd'hui Nelligan au premier rang des poètes canadiens, c'est qu'il a le don extraordinaire de l'image », écrit Paul Wyczynski. Ce don se manifeste principalement à travers les nombreuses **comparaisons** et **métaphores** puisées dans des domaines variés. Ne donnons comme exemple que les matières minérales nobles, dont « l'or », image de prédilection pour le poète qui projetait d'ailleurs de se rendre au Klondyke avec Arthur de Bussières en 1898. Cette matière est tantôt métaphore d'éléments célestes, la « lune d'or » dans « Clair de lune intellectuel » (v. 13), tantôt celle des rayons du soleil couchant (« Quand le soir nous jetait de l'or par les persiennes », [«Ruines », v. 4]),

26. Réjean Robidoux, *op. cit.*, p. 91.

tantôt image de l'harmonie comme « la voix [maternelle] au son d'or » (« Ma mère », v. 4) ou encore représentation de ce qui est précieux, solide, incorruptible, « l'or massif » dont sont constitués le fameux « Vaisseau » (v. 1) et « les nefs d'or » de « Potiche » (v. 5). Ce métal est également métaphore de la poésie « [q]ui s'élève d[u poète] dans un tourbillon d'or » (« Le poète », v. 6), et connote l'idéalisme et la quête de perfection. Il est associé dans ce vers à l'image violente du tourbillon, symbole ici de « l'idée de progrès accéléré » et d'« intervention extraordinaire dans le cours des choses[27] », ce que l'œuvre de Nelligan constitue indéniablement dans l'histoire de la poésie québécoise.

Ces métaphores se doublent fréquemment de **synesthésies**[28] comme dans le vers « Nous déjeunions d'aurore et nous soupions d'étoiles… » (« Rêve de Watteau », v. 14).

Nelligan emprunte également le détour de l'**allégorie**, autre figure de la ressemblance. Ainsi, « Le Vaisseau d'Or », « La passante », « Le lac », entre autres, présentent des images concrètes et complexes auxquelles se greffe une courte narration, pour représenter, élément par élément, soit un état psychologique soit une idée abstraite (successivement dans ces trois poèmes, le cœur du poète, sa jeunesse, la vie humaine avec ses rêves et ses espoirs). Dans le cas des deux premiers poèmes, puisque Nelligan relie explicitement ces images à son être intime, l'allégorie se trouve élevée au rang de symbole[29]. La majuscule aux noms communs « Océan », « Dégoût, Haine et Névrose », « Rêve » (« Le Vaisseau d'Or », v. 6, 11 et 14) constitue un autre indice du caractère allégorique de ces poèmes.

Le don de l'image se perçoit aussi à travers les figures de la substitution : la **métonymie** du « cristal qui chante » (v. 9), dans « La romance du vin » ; la **périphrase** « Au pays de givre » (v. 19)

---

27. Jean Chevalier et Alain Gheerbrant, *Dictionnaire des symboles, op. cit.*
28. Voir note en bas de page dans la section sur le contexte littéraire, p. 139.
29. Paul Wyczynski, *Poésie et symbole*, Montréal, Librairie Déom, coll. « Horizons », 1965, p. 101-102. Le critique précise : « L'allégorie n'engage que l'esprit, tandis que le symbole réfère à la durée intime. »

dans « Notre-Dame-des-Neiges » ; la **litote**, dans les deux vers suivants du « Lac » : « Et les eaux en silence aux grèves d'or suivies/Disent qu'ils dorment bien sous leur calme cristal. » (v. 11 et 12), qui atténue l'expression de la mort des naufragés, mais laisse affleurer l'indignation du poète. Rarement arrive-t-il au poète lyrique qu'est Nelligan de recourir à l'**antiphrase**, figure par laquelle s'exprime l'ironie. Il en offre cependant un exemple dans « La romance du vin » alors qu'il lève son verre à « la foule méchante » (v. 12) qui les méprise, lui et son art.

Enfin, pour Nelligan, âme déchirée entre le passé et le présent, dégoûtée par la réalité et aspirant à l'idéal, les figures de l'opposition constituent une indispensable ressource poétique, structurant bon nombre de ses poèmes. Celles-ci se retrouvent également au sein d'un même vers, comme dans l'**antithèse** suivante : « Malgré que toute joie en ta tristesse sombre » (« Mazurka » v. 10) et dans les **oxymores** saisissants du « régal de carcasse » (« Les corbeaux », v. 6), de la tragique « jeunesse noire » du poète (« La romance du vin », v. 28) et du titre du sonnet « Beauté cruelle ».

Les tonalités

Si la poésie de Nelligan se caractérise par la richesse et la diversité des images, elle se distingue également par la gamme des tonalités qui la traversent. C'est naturellement la tonalité lyrique qui y prédomine puisque ce poète de l'intériorité parle constamment au « je » de ce qui le touche intimement. Mais d'autres tonalités viennent s'y greffer : la tonalité épique dans « Châteaux en Espagne », réaliste dans « Les corbeaux », tragique à la fin du « Vaisseau d'Or » ou de « Devant le feu », fantastique dans « Banquet macabre » ou dans « Un spectre », pathétique dans « Soir d'hiver » et ironique dans « Un poète ».

LA RÉCEPTION DE L'ŒUVRE

Depuis la publication d'*Émile Nelligan et son œuvre* en 1904, ce poète n'a cessé de susciter des commentaires, des articles, des éditions critiques et des ouvrages de fond. C'est Louis Dantin qui inaugure les études nelliganiennes avec sa préface à ce recueil. Reconnaissant que « l'inspiration d'Émile Nelligan était fort inégale, et son sens critique assez peu mûri [30] », il précise cependant : « Cette vocation littéraire, l'éclosion spontanée de ce talent, la valeur de cette œuvre, tout inachevée qu'elle demeure, tiennent pour moi du prodige. J'ose dire qu'on chercherait en vain dans notre Parnasse présent et passé une âme douée au point de vue poétique comme l'était celle de cet enfant de dix-neuf ans [31]. » Ce point de vue est partagé par ses contemporains, comme Robert Laroque de Roquebrune qui, en 1918, voit en Nelligan « un phare [32] ». Déjà, on considère son œuvre comme « le point de départ de la poésie moderne [33] ». Et Luc Lacourcière ne dément pas cela, lui qui affirme en 1952 : « Lorsqu'on songe en effet au renouveau de la poésie canadienne, à la fin du XIXe siècle, le premier nom qui vient à l'esprit est bien celui de Nelligan [34]. » À sa suite, Réjean Robidoux reconnaît que « [c]hez nous, Nelligan est à coup sûr le premier [...] qui mérite d'être appelé grand [35] ».

En quoi consiste la singularité du poète ? À la suite de Dantin, qui décrit longuement les qualités stylistiques de Nelligan dans sa préface, Jacques Michon écrit : « En pratiquant une poésie qui donne l'initiative aux mots, Nelligan se retranche et s'oppose à l'idéologie poétique de son époque [36]. » Paul Wyczynski, biographe et spécialiste du poète, décrit quant à lui cette autre caractéristique : envers et contre tout et tous, Nelligan veut « vivre en poète dans le Montréal fin de siècle [...], il lui faudra alors assumer pleinement cette décision d'être un artiste, même au

---

30. Louis Dantin, *loc. cit.*, p. 54.
31. *Ibid.*, p. 14.
32. Paul Wyczynski, *Émile Nelligan, 1879-1941*, *op. cit.*, p. 400.
33. *Ibid.*, p. 398.
34. Émile Nelligan, *Poésies complètes. 1896-1899*, *op. cit.*, p. 17.
35. Réjean Robidoux, *op. cit.*, p. 43.
36. Jacques Michon, *Nelligan. Les racines du rêve*, Montréal, Les Presses de l'Université de Montréal et Les Éditions de l'Université de Sherbrooke, 1983, p. 55.

prix d'une intolérable souffrance[37] ». D'où une poésie de l'« intériorité[38] » qui distingue l'œuvre de Nelligan de celle de ses contemporains.

Dans ce concert d'éloges, des voix discordantes se font cependant entendre : celle de Claude-Henri Grignon, auteur des *Pamphlets de Valdombre* (1938), qui accuse Nelligan d'imposture, affirmant qu'il n'est pas l'auteur de ses poèmes, accusation à laquelle personne ne souscrit, bien évidemment. D'autres soulignent la part d'imitation dans l'œuvre de Nelligan, défaut que reconnaît Réjean Robidoux en précisant toutefois que « à un certain stade, l'exploitation de l'emprunt est devenue appropriation[39] ». Par ailleurs, ayant parfaitement intégré les traits des courants poétiques français du XIXe siècle, l'inspiration de l'auteur du « Vaisseau d'Or » se situe « au centre d'un triangle dont les trois côtés ont pour nom : romantisme, parnasse, symbolisme[40]. » D'autres, encore, comme Camille Roy, déplorent que l'œuvre de Nelligan ne reflète en rien les choses ni le milieu canadiens-français[41]. Gérard Bessette, qui s'est attardé à la dimension formelle et à l'aspect psychanalytique de cette œuvre, arrive à la conclusion inverse et affirme que Nelligan « le fait en profondeur[42] », que sa poésie en est au contraire l'« "écho sonore", la caisse de résonance », et cela, du fait que, ayant « un père anglophone (représentant pour lui l'autorité, la domination) et une mère francophone (représentant la tendresse et l'art), [il] se soit trouvé à représenter exemplairement lui-même la situation politique et linguistique de notre petit peuple adolescent[43] ». Et Gérard Bessette conclut : « Le drame de notre psychisme, collec-

---

37. Paul Wyczynski, *Émile Nelligan, 1979-1941*, *op. cit.*, p. 482.
38. Réjean Robidoux, *op. cit.*, p. 33.
39. *Ibid.*, 124.
40. Paul Wyczynski, *Émile Nelligan, 1979-1941*, *op. cit.*, p. 224.
41. Cité par Gérard Bessette, *Une littérature en ébullition*, Montréal, Éditions du Jour, 1968, p. 61.
42. *Ibid.*, p. 62.
43. *Ibid.*, p. 85.

tif, il l'a vécu dans son propre cœur, au plus intime et au plus douloureux de sa conscience. C'est là une des raisons qui expliquent sa grandeur de poète et sa tragédie d'homme [44]. »

Si Nelligan et son œuvre suscitent l'intérêt des critiques, ils inspirent les artistes également : les musiciens comme André Gagnon, mais aussi et surtout les écrivains. Réjean Beaudoin note qu'il « devient une référence majeure, par exemple chez les romanciers Marie-Claire Blais et Réjean Ducharme, dont plusieurs héros sont les héritiers directs du « "sinistre frisson des choses" cher au poète [45] ». Sans se tromper, le lecteur, lui, peut penser avec Paul Wyczynski que « la fortune de Nelligan n'[a] pas encore atteint son apogée ».

---

44. *Ibid.*, p. 62.
45. Réjean Beaudoin, « Postface », dans Émile Nelligan, *Poésies, op. cit.*, p. 217.

HECTOR DE SAINT-DENYS GARNEAU

SA VIE
Les origines

Hector de Saint-Denys Garneau naît à Montréal le 13 juin 1912. Fils aîné de Paul Garneau et de Hermine Prévost, tous deux d'illustre ascendance, il est le petit-fils du poète Alfred Garneau (1836-1904) et l'arrière-petit-fils du poète et historien national François-Xavier Garneau (1809-1866). Du côté maternel, il est le lointain descendant de Nicolas Juchereau de Saint-Denys[1] dont il perpétue d'ailleurs le nom. En plus de sa sœur aînée, Pauline, et de ses frères, Paul et Jean, Saint-Denys Garneau compte dans son entourage sa petite-cousine, la future écrivaine, Anne Hébert, fille de Maurice Hébert, critique littéraire estimé et proche du poète. La famille possède à Sainte-Catherine-de-Fossambault le manoir ancestral des Juchereau-Duchesnay, bâti en 1848, à proximité d'un torrent[2]. Le poète y passe une partie de son enfance, comblé par le contact de la nature que lui fait découvrir sa mère. Il s'y réfugiera définitivement les dernières années de sa brève existence.

---

1. Ce militaire se distingua en 1690 au cours du siège de Québec par Phips et reçut de Louis XIV des lettres de noblesse.
2. Ce détail ne manque pas d'intérêt : il nous rappelle le « torrent » du poème liminaire de *Regards et jeux dans l'espace* et celui de la nouvelle éponyme d'Anne Hébert.

L'élève au talent précoce

De retour à Montréal en 1923, Saint-Denys Garneau commence son cours secondaire chez les Jésuites du Collège Sainte-Marie tout en fréquentant l'École des beaux-arts de Montréal, où il remporte un 2e prix et une médaille de bronze. Le jeune élève aime aussi écrire et, en janvier 1926, il remporte un concours lancé par la maison Henry Morgan[3] sur le thème des brontosaures. Son poème, intitulé « Le dinosaure », est choisi parmi 1500 autres. En octobre 1928, il remporte sur 500 concurrents le concours de poésie de l'Association des auteurs canadiens avec un poème intitulé « Automne ». En 1934, une fièvre rhumatismale d'abord, puis une lésion au cœur le forcent à abandonner ses études. C'est pour lui un moment douloureux que Robert Élie décrit en ces termes : « À 22 ans, il fait cette rencontre décisive avec sa destinée, qui est la découverte de sa vocation de poète, et cette autre rencontre avec la mort, qui lui révèle en même temps le vrai visage de la vie[4]. »

Perspectives d'avenir

Le poète ne démissionne pas pour autant. Il continue à peindre avec exaltation et parle avec une pointe d'humour de se « "tailler une situation" dans la peinture[5] ». Animé par un idéal artistique et culturel qu'il souhaite partager, il fait part de ses projets d'avenir dans une lettre adressée à son ami Jean Le Moyne en janvier 1934 :

> Or, voici mon but : me former une pensée vaste, juste et rigoureuse, bien établie, un goût sûr ; me réaliser dans l'art. [...] Ayant atteint mon point de maturité, exercer une influence d'abord autour de moi, de plus en plus étendue, grâce à des articles. [...] Voilà donc mon but : créer de la beauté, et participer à un mouvement de renaissance

---

3. L'actuel magasin La Baie.
4. Hector de Saint-Denys Garneau, *Poésies complètes*, Montréal, Fides, coll. « Le Nénuphar », 1949, p. 16.
5. *Id.*, *Lettres à ses amis*, Montréal, HMH, coll. « Constantes », 1967, p. 241.

au Canada. Non pas faire des chefs-d'œuvre ; je connais mes limites, mais me réaliser à la limite de mon possible, être de ceux qui *agissent vers* la beauté, être un facteur de formation pour le goût, ici, et un facteur d'élévation dans la solidarité du monde [6].

Le chroniqueur, l'artiste et le poète

Ce projet de se consacrer à l'art et à l'écriture ne naît pas du jour au lendemain. Dès 1928, Saint-Denys Garneau collabore à des publications d'étudiants comme la *Revue scientifique et artistique au Canada*. De 1934 à 1937, il envoie à *La Relève* poèmes, réflexions sur l'art et critiques littéraires et artistiques. En 1934, il expose ses tableaux à la Galerie des arts de Montréal et, en 1937, au Musée des beaux-arts de Montréal. Dès 1927, il tient son journal, de façon sporadique jusqu'en 1935 puis, plus régulièrement. Il entretient également une correspondance avec ses parents, avec ses professeurs, entre autres, mais surtout avec ses amis de *La Relève*. Il compose ses poèmes, la plupart du temps attablé dans un restaurant de Montréal ou encore chez lui en écoutant de la musique, art qu'il affectionne et dont il parle abondamment, avec finesse et subtilité. En 1937, encouragé par ses amis et par ses parents qui l'aident financièrement, il publie à compte d'auteur son recueil de poèmes *Regards et jeux dans l'espace*, recueil dont il soigne le plan, la présentation, la typographie, et qu'il fait tirer à 1 000 exemplaires. Conscient des « imperfections [7] » qui s'y trouvent, il entrevoit néanmoins cette publication avec confiance, avec enthousiasme même : « Ce livre est bien de moi », écrit-il. « Heureusement, la critique, autant que j'ai pu voir, va m'être sympathique. Ce n'est pas une petite chance pour un livre d'un aspect un peu nouveau [8]. » En apparence, il ne se laisse pas accabler par les critiques négatives qui ne tardent pas. Toutefois, le doute s'installe en lui et il a le sentiment d'avoir commis une imposture :

---

6. *Ibid.*, p. 96.
7. *Ibid.*, p. 257.
8. *Ibid.*

Je ne craignais qu'une seule chose : non d'être méconnu, non d'être refusé, mais d'être découvert. C'est donc qu'il doit y avoir quelque chose de malhonnête et de mensonger, une fourberie, une duperie, une imposture. Et ceux qui acceptaient mes poèmes, est-ce que je n'avais pas l'impression de les voler, de les tromper, de les duper [9] ?

Assailli par ces pensées, il retire les exemplaires de son recueil et, dès 1938, il se résout à ne plus rien publier.

Les voyages

Excursions de pêche, randonnées pédestres sont coutumières pour l'amoureux de la nature qu'est Saint-Denys Garneau. Il se rend à l'île d'Orléans en 1935, au Saguenay en 1941. Il fait de fréquentes retraites spirituelles à la Trappe d'Oka. En 1937, après l'expérience éprouvante de la publication de son recueil, encouragé par ses parents et ses amis, il projette un voyage d'un an en France. Ce voyage, amorcé au début de juillet 1937, tourne au cauchemar et ne dure que trois courtes semaines, traversées comprises. Au lieu de l'émouvoir et de l'exalter, les beautés architecturales de ce pays le renvoient à « [son] vide, à [son] mensonge, à [son] impuissance, à [sa] bassesse, à [son] néant, à [sa] complète pauvreté [10] » et à la publication de son recueil où il ne voit plus qu'un geste présomptueux. Comme le dit Jacques Blais : « Il [y] reçoit la révélation de son indigence et de son désordre [11]. » Il n'éprouve de joie que devant la cathédrale de Chartres, une joie unique, immense devant « la lumière incomparable qui tombe des vitraux », un monument « merveilleux » dont il dit : « C'est une fleur, c'est une forêt, c'est une femme [12]. »

---

9. *Id.*, *Journal*, Montréal, Beauchemin, 1963, p. 123.

10. *Ibid.*, p. 136.

11. Jacques Blais, *Saint-Denys Garneau et le mythe d'Icare*, Sherbrooke, Cosmos, 1973, p. 130.

12. Hector de Saint-Denys Garneau, *Œuvres*, édition critique par Jacques Brault et Benoît Lacroix, Montréal, Les Presses de l'Université de Montréal, coll. «Bibliothèque des lettres québécoises», 1971, p. 792.

Lectures

La correspondance de Saint-Denys Garneau et son journal révèlent ses goûts littéraires [13] : Verlaine, Baudelaire, Flaubert, Daudet, Rabelais, Molière aussi, dont il montera des pièces à Sainte-Catherine-de-Fossambault, les écrivains catholiques Péguy, Claudel, Bernanos, Mauriac [14], le romancier suisse Ramuz y figurent en bonne place. Il se passionne aussi pour *Les frères Karamazov*, de Dostoïevski. Il ne néglige pas les « livres canadiens [15] » : *Maria Chapdelaine*, de Louis Hémon, un « discret chef-d'œuvre de vérité et de noblesse [16] » ; la poésie d'Alfred Desrochers qui « dit la sève du peuple et de la terre [17] ». De Claude-Henri Grignon dont il critiquera sévèrement *Le déserteur*, il lit « avec plaisir » *Un homme et son péché*, qui « contient de très belles choses, et savoureuses [18] ». Enfin, à son amie Françoise Charest, il promet de lire Nelligan [19], car il sait bien que l'auteur du « Vaisseau d'Or » est son frère dans la souffrance. Par ailleurs, il se nourrit de livres religieux tels que *L'imitation de Jésus-Christ* et les ouvrages du philosophe catholique Jacques Maritain, maître à penser des fondateurs de *La Relève*.

Les dernières années

En 1938, il s'installe définitivement au manoir familial. Il s'adonne à des travaux manuels de jardinage et de terrassement auxquels il prend plaisir. Il conserve ses liens épistolaires avec les membres de sa « confrérie » : Robert Élie, Jean Le Moyne, Claude Hurtubise, qu'il invite souvent à lui rendre visite. Ses lettres le

---

13. Voir Roland Bourneuf, *Saint-Denys Garneau et ses lectures européennes*, Québec, Presses de l'Université Laval, coll. «Vie des lettres canadiennes», n° 6, 1969, 332 p.

14. Dans un article intitulé « Sa bibliothèque privée » (*Études françaises*, vol. 20, n° 3, hiver 1984-1985, p. 97-111), Benoît Lacroix dresse l'inventaire des ouvrages qui constituaient celle-ci.

15. Hector de Saint-Denys Garneau, *Lettres à ses amis*, *op. cit.*, p. 152.

16. *Ibid.*

17. *Ibid.*, p. 20.

18. *Ibid.*, p. 130.

19. *Id.*, *Œuvres*, *op. cit.*, p. 863.

montrent quelquefois enjoué, franchement drôle, plein de facéties. Cependant, ce jeune homme, qui ne dédaigne pas les plaisirs habituels de son âge (femmes, alcool), est souvent envahi par une profonde angoisse, un vide intérieur, une grande difficulté à entretenir des contacts avec autrui, de sorte que la campagne et sa solitude lui paraissent plus supportables que la ville qu'il honnit, plus propices également au recueillement et à la prière, car il est animé d'une quête d'absolu, la quête d'un Dieu dont il se sent profondément indigne. Tenaillé par un sentiment viscéral de culpabilité, il s'astreint à la prière et à la communion, qu'il voudrait les plus sincères possibles, mais l'absence de ferveur religieuse l'accable souvent.

Le silence et la mort

En 1941, Saint-Denys Garneau interrompt la correspondance avec ses amis. Deux ans plus tard, lorsque ceux-ci lui annoncent leur visite, il leur adresse cette réponse laconique : « Ne venez pas me voir [20]. » Et en octobre 1943, il succombe à une crise cardiaque au cours d'une excursion solitaire en canot. La mort tragique de ce jeune poète de 31 ans est à l'origine d'un mythe qui, tout comme celui de Nelligan, continue à nourrir l'imagination.

LA DIFFUSION DE SON ŒUVRE

Saint-Denys Garneau fait paraître *Regards et jeux dans l'espace* en mars 1937. Le poète en ayant retiré les exemplaires de la circulation, il faudra attendre 1949 pour voir le recueil réédité par les soins de ses amis Jean Le Moyne et Robert Élie. Intitulé *Poésies complètes*, cet ouvrage comprend deux grandes parties : la reproduction fidèle de *Regards et jeux dans l'espace* et 61 poèmes posthumes, réunis sous le titre « Les solitudes », répartis en 10 sections, correspondant à autant de thèmes et aux « phases de la crise intérieure que le *Journal* du poète décrit […] [21] ».

---

20. *Id.*, *Lettres à ses amis*, *op. cit.*, p. 489.
21. Jean Le Moyne et Robert Élie, « Avertissement », dans Hector de Saint-Denys Garneau, *Poésies complètes*, *op. cit.*, p. 10.

En 1954 paraît le *Journal* du poète et, en 1967, *Lettres à ses amis*, fort volume qui reprend sa correspondance commencée à 17 ans, en 1930, et poursuivie jusqu'en 1941[22] avec ses amis et compagnons de *La Relève* : Jean Le Moyne, Robert Élie, Claude Hurtubise, André Laurendeau et d'autres. Par ailleurs, la publication des anthologies de Benoît Lacroix (Fides, 1956) et d'Eva Kushner (Seghers, 1976) contribue à la diffusion de l'œuvre du poète au Québec et en France.

En 1971, après quinze années de longues et rigoureuses recherches, paraît, aux Presses universitaires de Montréal, la première édition critique de l'œuvre de Saint-Denys Garneau, préparée par Jacques Brault et Benoît Lacroix. Ce volume de plus de 1000 pages, intitulé *Œuvres*, regroupe la poésie et la prose du poète, l'œuvre publiée de son vivant et les inédits. Ouvrage capital qui ne prétend pas à l'exhaustivité, les auteurs étant persuadés que d'autres textes sont encore à découvrir, il présente avec une précision méticuleuse notes, variantes, ratures, notations en marge, ouvrant des voies de recherche intéressantes.

Une nouvelle édition critique établie par Gisèle Huot rassemblera l'œuvre de Saint-Denys Garneau en trois tomes, dont le second, *Œuvres en prose*, est paru en 1995. Les deux autres seront consacrés à ses poèmes et à sa correspondance.

Mentionnons également les traductions en anglais des poèmes de Garneau par John Glassco et par Frank Scott ainsi que leur traduction en italien par les soins d'Hélène Dorion.

Un certain nombre de poèmes inspirent des compositeurs importants comme Jean Papineau-Couture, Serge Garant, Bruce Mather et Anne Lauber. Violaine Corradi compose la musique accompagnant la lecture de poèmes de Saint-Denys Garneau par Paul-André Bourque et enregistré par Le Noroît (1993). Enfin, le groupe de musique populaire Villeray lance en 1997 un album mettant en musique 17 poèmes de Saint-Denys Garneau avec un poème préface de Pierre Morency.

---

22. Plus une note laconique datée d'août 1943, invitant ses amis à ne pas venir le voir.

L'ŒUVRE ÉTUDIÉE
La composition

Le présent recueil propose 20 des 28 poèmes de *Regards et jeux dans l'espace* tels qu'ils figurent dans l'édition critique intitulée *Œuvres*. S'y ajoutent 10 poèmes choisis parmi la centaine de *Poèmes retrouvés* publiés dans cette édition.

Regards et jeux dans l'espace

Ce recueil compte 28 poèmes répartis en huit sections numérotées en chiffres romains, sauf la huitième, et coiffées d'un titre, bien que celui de la septième — « Sans titre » — ne soit pas de Garneau mais de Jean Le Moyne et de Robert Élie. Les poèmes ne sont pas disposés dans l'ordre chronologique de leur composition, mais selon un plan beaucoup plus significatif soigneusement élaboré par le poète. De part et d'autre de la quatrième section intitulée « Deux paysages », pivot du recueil, les trois premières sections — « Jeux », « Enfants » et « Esquisses en plein air » — dessinent une ascension. Les trois dernières — « De gris en plus noir », « Faction » et « Sans titre » — tracent le mouvement inverse. Le poème liminaire « C'est là sans appui », qui ouvre le recueil, et « Accompagnement », qui le conclut, encadrent ces deux grandes parties et se répondent.

Les trois premières sections — « Jeux », « Enfants » et « Esquisses en plein air » — nous situent dans des univers concrets, familiers. Ils suggèrent la joie, le plaisir qu'entraînent le mouvement, l'élan. Le poète tout comme l'enfant à l'imagination souveraine et au regard avide et pénétrant, s'y trouvent « occupé[s] » le plus sérieusement du monde au jeu de la création. Séduit par les enfants, par leur vivacité et leurs rires, le poète qui se confondait avec eux dans « Jeux » leur cède la place dans la deuxième section du recueil et tente de croquer le portrait de ces êtres qui échappent à toute emprise. La nature ne lui offre pas un spectacle moins fascinant et, dans les « Esquisses en plein air », elle offre une « féerie » pour le regard qui se prête à la contemplation.

Au cœur du recueil, la quatrième section, intitulée « Deux paysages », juxtapose un « versant » lumineux, celui de la vie qui anime les trois premières sections, et un « versant » sombre, annonciateur des trois dernières sections (« De gris en plus noir », « Faction » et « Sans titre »). Celles-ci tracent une douloureuse descente ponctuée par la description du mal de vivre du poète (« Spleen ») et de sa solitude (« La maison fermée ») ; par une pratique de l'art qui a perdu son caractère ludique fécond, désormais devenue labeur exigeant (« Autrefois ») et expérience éprouvante (« Faction ») ; par l'évocation de l'amour perdu ou voué à l'échec (« Petite fin du monde », « Accueil ») ; et par la mort logée dans le cœur du poète (« Cage d'oiseau »). Chute qui explique l'absence du titre pour la dernière section.

À chaque extrémité du recueil, « C'est là sans appui » et « Accompagnement » encadrent ces deux versants symétriques et opposés. Dans le poème liminaire, le poète, s'opposant à l'immobilisme ambiant, revendique la liberté, le dynamisme, « bonds » risqués certes mais garants d'« équilibre » (v. 3 et 4). Les trois premières sections montrent qu'il parvient à la « Joie de jouer », au « paradis des libertés » (« Le jeu », v. 14). À l'issue du parcours que trace le recueil, le voilà constatant sa division intérieure, celle d'un être dépossédé de sa joie : la « marche » a remplacé les « bonds » ; la rue et son « trottoir » se sont substitués aux « roches » du « torrent » ; et les opérations laborieuses et minutieuses pour recouvrer la joie, à l'élan initial. Dans les deux cas, le poète est en quête d'« équilibre », équilibre atteint là pour un bref instant ; illusoire ici devant la persistance de sa dualité. Comme le fait remarquer Jacques Blain : « Son œuvre fut écrite en trois ans ; et pourtant, elle témoigne de l'enchaînement de toutes les phases émotives que peut traverser l'adulte dans le cours normal d'une vie, depuis les joies mélancoliques des premières années jusqu'aux terrifiantes angoisses de la fin [23]. »

---

23. Cité par Jacques Blais, *Saint-Denys Garneau*, Montréal, Fides, coll. « Dossier de documentation sur la littérature canadienne-française », 1971, p. 22.

Poèmes retrouvés

Les poèmes choisis parmi les « Poèmes retrouvés » font pour la plupart écho à ceux de *Regards et jeux dans l'espace*. Ainsi « Ma maison » contraste avec « Maison fermée ». Pour leur part, « Lassitude », « Ma solitude n'a pas été bonne » et « C'est eux qui m'ont tué » se rattachent à la section « De gris en plus noir ». Abordant le thème de l'écriture, « Silence », « Te voilà verbe » et « Un poème a chantonné tout le jour » rappellent « Le jeu », « Autrefois » et « Faction ». Le tercet de « Baigneuse » s'inscrit dans le prolongement de « Rivière de mes yeux » et d'« Accueil ». Et ce poème qui développe le thème de l'amour tout comme « Petite fin du monde » trouve des résonances dans « Au moment qu'on a fait la fleur ». Enfin, malgré sa longueur, « Il nous est arrivé des aventures » n'est pas sans rappeler le bref poème liminaire du recueil, « C'est là sans appui ».

Les thèmes
L'enfance

Saint-Denys Garneau affectionnait les enfants, la « tribu d'enfants » qu'il retrouvait au manoir de Sainte-Catherine : « J'aime beaucoup ce petit monde, tellement libre, frais, ouvert, tellement délicat. Une vraie vocation, je te dis de père de famille[24]. » Il mesurait leur supériorité sur les adultes : « Ah ! si les hommes conservaient cette inquiétude salutaire, cet éveil de la curiosité. Et cette sévérité aussi devant les jouets sur quoi se basent leurs vies ; et s'ils gardaient aussi une parcelle de cette indépendance et de ce clair désintéressement », écrivait-il dans son *Journal*[25].

En plus de les hisser au rang de guides dans la création poétique, Garneau leur consacre la deuxième section de son recueil, intitulée « Enfants ». Les désignant par les termes affectueux et

---

24. Dans *Lettres à ses amis* (*op. cit.*, p. 212-213), le poète décrit chacun des six enfants de son oncle, déplorant que, dans son cas personnel, « c'est la femme qui manque, et puis le moyen de faire vivre la femme et la famille. »
25. Hector de Saint-Denys Garneau, *Œuvres*, *op. cit.*, p. 411.

familiers de «drôle[s] d'enfant[s]» («Portrait», v. 1), de «petits monstres» («Les enfants», v. 2), il les montre dans leurs rapports avec les adultes, déterminés à séduire les grands, pour aussitôt s'en détourner comme des «perfides» (v. 12) et retourner à leurs jeux. Et ce sont les adultes, pris au jeu, qui se sentent «abandonnés» (v. 13). Entre les dociles et les turbulents, ce sont ces derniers qui ont la sympathie du poète, avec leur rire, leur liberté et leur caractère insaisissable représentés par deux symboles en apparence antithétiques : l'«oiseau», être aérien, et le «colimaçon», être chtonien, secret, disparaissant dans sa coquille («Portrait», v. 8 et 9). Loin de se désintéresser de ces êtres qui lui échappent et auxquels il s'identifie sans doute, le poète se fait un devoir, non pas de les conformer au monde des adultes, non pas de les dresser, mais de les aimer tels qu'ils sont, dans leur dynamisme même.

La nature

Lorsque Saint-Denys Garneau séjourne à Sainte-Catherine-de-Fossambault et qu'il s'y réfugie ensuite définitivement, loin de la ville qu'il hait [26], il trouve dans le domaine qui entoure le manoir familial une relative harmonie intérieure : « La nature me parle comme elle ne m'a jamais parlé, écrit-il à son ami André Laurendeau [27], [...] je l'aime de plus en plus, je la sens de plus en plus. » Dès le poème liminaire, d'ailleurs, c'est à la nature sauvage, au « torrent » et aux « roches » (v. 4), qu'il emprunte les images

---

26. *Id., Œuvres, op. cit.*, p. 927. Lettre à André Laurendeau, datée du 28 décembre 1932 : « Je hais la ville, toute cette mort ambulante de tramways et d'automobiles, ces choses qui ne respirent pas, qui ne vivent pas, ces machines, et ces tombeaux d'édifices qui ferment tous les horizons. Tout cela est raide et figé. Tandis qu'ici, il n'est rien qui ne vive, qui ne remue. » Dans *Lettres à ses amis* (p. 290), il ajoute que les relations sociales auxquelles la vie en ville le contraint sont excessivement éprouvantes pour lui : « J'ai peur de la ville où il y a tellement de monde, où on est incessamment forcé à des contacts avec les humains. Ici, les arbres et les animaux ne nous jugent pas, n'ont pas d'opinion sur nous, n'exigent pas d'attitude de défense. On se détend en face d'eux, on peut se préparer sans énervement et sans humiliation à être plus vrai. »

27. *Ibid.*, p. 927.

derrière lesquelles se profile sa conception de la vie. Et c'est également dans la nature qu'il puise les images pour décrire son regard, un regard qui, tout comme l'eau des « rivières », l'« onde », ou le « ruisseau » (« Rivière de mes yeux », v. 1, 2 et 6), parcourt l'espace, le reflète, l'irrigue et le renouvelle à travers la poésie. Saint-Denys Garneau consacre toute la troisième section de son recueil à ce thème. Emprunté aux arts visuels, le titre de celle-ci, « Esquisses en plein air », connote la modestie du poète tout en associant nature et travail de création car, cette fois, c'est bien elle plutôt que l'enfant qui guide le poète : « Je pense, écrit-il à un ami, qu'avant de créer et de composer, il faut se mettre longtemps à l'école de la nature, docilement. Elle a toujours infiniment à nous apprendre ; elle nous offre d'incessantes merveilles [28]. » Quelles sont ces « merveilles » ? Le regard du poète se pose principalement sur les arbres — ormes, saules, pins. Il passe d'une perception globale à celle des détails, s'attache aux feuilles, aux touffes d'aiguilles de pins, détails qu'il ne considère jamais isolément. Au contraire, c'est le mouvement que le vent leur imprime, l'entrelacement des éléments (la terre, avec l'arbre ; l'air, avec le vent ; le feu, avec la lumière), les jeux de la « moindre des lumières » (« L'aquarelle », v. 5) ainsi créée qui le fascinent. Ce sont les effets du contre-jour qu'il contemple, avec la transparence qui transforme l'arbre en « une verrière incomparable [29] ». Et le créateur qu'il est participe alors à ces jeux, accentue le mouvement et le lustre des arbres et de leur feuillage par les métaphores liquides des « eaux vives », des « ondes » (« Saules », v. 3 et 12), des « îles d'eau claire » et du « ruisselle[ment] », de la « petite source qui bouillonne » (« Pins à contre-jour », v. 2, 4, 8 et 9). Le poète au regard de peintre [30] ajoute ainsi à la « féerie » (« Saules », v. 21) offerte par la nature.

---

28. *Id.*, *Lettres à ses amis, op. cit.*, p. 177.
29. *Ibid.*, p. 449. Les vitraux de la cathédrale de Chartres offriront au poète un spectacle similaire.
30. Dans son journal, le poète raconte les promenades que sa mère l'emmenait faire dans la nature lorsqu'il était enfant et précise : « J'y ai pris le goût que j'ai pour la peinture. » (*Œuvres, op. cit.*, p. 324.)

L'amour

Parlant de son passé dans une lettre à Jean Le Moyne, Saint-Denys Garneau écrit : « [...] un fait me frappe : l'influence des femmes dans ma vie [...]. Moi, sans les femmes et certaines profondes sympathies, je serais mort, ou éteint [31]. » Il accorde certes la première place à sa mère pour la tendresse et les soins sans lesquels il « serai[t] mort [32] ». Cet attachement filial ne l'empêche cependant pas de connaître l'amour, d'être tenaillé par le désir et accablé d'un sentiment de culpabilité lié au péché de la chair instillé par le jansénisme ambiant. Que nous livrent les poèmes de Saint-Denys Garneau sur ce sujet ? À deux reprises y apparaît la « baigneuse » (« Rivière de mes yeux », v. 8 et « Baigneuse », v. 2), présence inusitée dans la tradition littéraire québécoise. Cette figure féminine concentre en elle toute la lumière du soleil, elle l'irradie, alliant la sensualité et la spiritualité, la beauté physique et l'élévation. Elle présente donc deux facettes de l'amour, malheureusement perçues alors comme antinomiques. La poème intitulé « Petite fin du monde » réunit lui aussi ces deux facettes : les amoureux y sont représentés par leurs « mains » (v. 6, 16 et 22), non pas instruments de possession d'autrui, mais sièges de sensations tactiles et organes servant à donner et à recevoir, à « se rencontrer », à « se côtoyer », à « se connaître » (v. 10, 12 et 13) corps et âme. En effet, ce sont les métaphores des « oiseaux » (v. 2, 4 et 32), mieux encore des « colombes » (v. 5, 21 et 34), avec leur « chant » (v. 16 et 33) et leur « vol » (v. 33), symbole d'amour qui est ascension et « rayonnement de l'âme » (v. 38) que le poète choisit pour les représenter. Ces « mains » (v. 9), ces « doigts » (v. 3) apparaissent également dans « Au moment qu'on a fait », autre poème sur le même thème où apparaît la métaphore tout aussi valorisante de la « fleur » (v. 1), symbole d'amour, de vertu et de perfection. Mais, dans ces poèmes, l'idéal d'amour si complet, si prometteur, le poète ne l'évoque que pour annoncer sa mort,

---

31. *Id.*, *Lettres à ses amis*, *op. cit.*, p. 89.
32. *Ibid.*

une « [p]etite fin du monde ». Ainsi les « quatre colombes » (« Petite fin du monde », v. 21), image des mains vibrantes d'amour, sont sommairement exécutées comme des prisonniers arbitrairement choisis et alignés contre un mur, victimes d'une sorte de fatalité que les amants insouciants n'ont pas su déjouer. Dans « Au moment qu'on a fait », l'amour parfait et vertueux est lui aussi victime, cette fois de la « parole de la chair » (v. 17) lorsqu'elle aveugle et « efface » (v. 8) tout autour de soi. Expérience éprouvante au point que, dans « Accueil », le poète imagine une femme qu'il se contenterait de contempler de loin, avec laquelle il n'aurait qu'une relation purement platonique, excluant tout échange. Une femme qui serait inconsciente de la présence de celui-ci, qui évoluerait seule, libre, sans même un regard pour lui. Manifestement, ce n'est pas l'idéal amoureux qui fait défaut chez Saint-Denys Garneau, mais l'espoir de le réaliser et de le voir durer.

L'art

Saint-Denys Garneau consacre aux arts de nombreuses pages de sa correspondance et de son *Journal* ainsi que des articles parus dans *La Relève*. La création poétique devient aussi le sujet de bon nombre de ses poèmes, fait inusité à son époque et signe de sa modernité. Avec « C'est là sans appui », Garneau ouvre son recueil en affirmant le besoin irrépressible de s'écarter de la poésie traditionnelle et en soulignant le caractère sclérosant de celle-ci : à la « chaise » ou au « fauteuil » (v. 1 et 2), symboles du confort littéraire que procure le respect des règles, il préfère le mouvement, les « bonds » sur les « roches » du « torrent » (v. 5 et 4) — vers libre, absence de ponctuation, entre autres —, élan dans lequel il trouve son « équilibre » (v. 6). Il sait que ce choix est risqué, que cette quête de liberté heurtera les censeurs dont il parodie d'ailleurs les propos dans « Le jeu » : ceux-ci trouveront sans doute qu'il n'a pas « deux sous de respect pour l'ordre établi », qu'il a « des manières à scandaliser les grandes personnes » ; et ils ne verront dans ses poèmes que de « simples chansons » (« Le jeu », v. 37, 39 et 40). Le poète ne se sera pas trompé.

Rompant avec la tradition et choisissant l'enfant pour guide, Saint-Denys Garneau fait de la création poétique un exercice du regard et un jeu. En effet, à l'instar de l'enfant dont le regard dépasse la seule valeur utilitaire des choses pour s'en émerveiller, il veut « voir au travers » de lui-même et des choses pour percer leur opacité (« Nous ne sommes pas », v. 3 et 5) : « C'est sa propre transparence que le poète, "conscience en perfection", recherche », dit Jacques Blais[33]. Et lorsqu'il ouvre sa « boîte à jouets/Pleine de mots », il s'adonne à un jeu très sérieux : « Ne me dérangez pas je suis profondément occupé », dit-il (« Le jeu », v. 25, 26 et 1). Il connaît la « terrible exigence » du mot qui n'est pas « un simple instrument d'expression, de désignation matérielle », mais un « dieu qui sait ce que nous ne savons pas ». Il sait que le mot est « vivant, substantiel, avec toutes les possibilités de ses rapports au monde, dans sa souplesse et sa plénitude, lourd de sens[34] ». En plus d'être sérieuse, la tâche est noble. Et les jeux formels sur les mots qui visent à en « faire de merveilleux enlacements/Les allier séparer marier » (« Le jeu », v. 26 et 27), à les combiner pour en tirer images, sonorités, correspondances et rythmes, devient recherche de perfection formelle, intimement liée à la quête du sens caché des choses et de soi. On voit que si Saint-Denys Garneau, « sous les mots déplace les choses » (« Le jeu », v. 42) et conteste la littérature édifiante que réclament les censeurs, il n'en crée pas moins une poésie animée par une exigence spirituelle authentique.

Ainsi perçue, la création poétique exalte le poète, elle est « [j]oie de jouer ! [p]aradis des libertés » (« Le jeu », v. 20). Elle est liberté intérieure et ouverture, d'où les nombreuses métaphores spatiales pour la décrire : celle de l'aire de jeu que devient le

---

33. Jacques Blais, *De l'ordre et de l'aventure. La poésie au Québec de 1934 à 1944*, Québec, Les Presses de l'Université Laval, coll. « Vie des lettres québécoises », 1975, p. 126.
34. Hector de Saint-Denys Garneau, « Monologue fantaisiste sur le mot », *La Relève*, janvier-février 1937. Repris dans *Œuvres, op. cit.*, p. 289.

« torrent » parsemé de « roches » (« C'est là sans appui », v. 4) ;
celle du « village », de la « ville », de « l'univers » que bâtit l'enfant
(« Le jeu », v. 2, 3 et 5) ; et, dans le poème intitulé « Autrefois », les
métaphores plus ambitieuses du « rayon » (v. 2) centrifuge d'un
cercle sans circonférence, celle du « soleil » (v. 6), image glorieuse
du poète franchissant d'un puissant « élan » (v. 8) « l'espace
illimité » (v. 7) vers « l'Au-delà » (v. 14), terme qui confère au jeu
une portée spirituelle. La création poétique est donc exercice du
regard, jeu sérieux et déploiement dans l'espace, trois éléments
qui font écho au titre du recueil.

L'état d'exaltation lié à la création poétique est cependant
éphémère. Le poète, porté par l'idéal de l'enfant, se heurte à la
réalité de l'adulte, changement qu'il décrit à son ami André
Laurendeau dans les termes suivants :

> Auparavant, c'était l'indéfini des plaines, tous les horizons ouverts ;
> on n'allait loin d'aucun côté, mais l'espace était là. C'était toutes les
> possibilités de devenir ; et maintenant on est presque [*sic*]. Plusieurs
> portes se sont fermées ; on connaît un peu sa voie, et connaître sa
> voie, c'est renoncer aux autres. [...]. Au lieu d'être tout en possibilité,
> on est ce qu'on est ; et ce qu'on est pourra aller jusqu'à tel point,
> approximativement. Et toute l'espérance qui nous reste est pour ainsi
> dire canalisée. Elle porte au pied le boulet du travail[35]. »

Comme l'indique son titre, le poème « Autrefois » distingue
deux moments dans la poésie de Saint-Denys Garneau. La trajectoire naguère illimitée devient un « réduit » (v. 38), espace exigu
et étouffant au point qu'on y espère une « fissure » pour trouver
de « l'air libre et de la lumière » (« Autrefois », v. 25 et 27). Le
cercle sans circonférence devient une sphère où le poète est con-
finé entre « la corde » et l'« arc » (« Autrefois », v. 36). La terre est
désormais un « globe tout mesuré inspecté arpenté vieux sentier/
Tout battu » (« Autrefois », v. 21 et 22). Au jeu et au sentiment de
dominer le monde se substituent les conditions douloureuses de

---

35. *Id.*, *Œuvres*, *op. cit.*, p. 907 (lettre datée du 11 juillet 1931).

la création. Le « soleil » d'« [a]utrefois » (« Autrefois », v. 6 et 1) disparaît, et commence l'attente d'une « étoile problématique » (« Faction », v. 2), métaphore possible de l'inspiration ou de la grâce, la poésie et la spiritualité étant indissociables chez Saint-Denys Garneau. Cette étoile, bien présente naguère, mais ne constituant qu'un mince risque de chute dans « Le jeu » (v. 31 à 35), n'apparaît désormais qu'à la condition de « faire la nuit », une nuit à la fois souhaitée par le poète aux « avides prunelles » (« Faction », v. 8, 10 et 23) et redoutée, car elle exige ascèse et isolement dont il a déjà vécu les affres. Autre expérience éprouvante, celle de l'inspiration qui tourne court, comme une eau qui s'éparpille en laissant le poète démuni, « sans clef de lumière », dans une sorte de néant au « silence strident » (« Un poème a chantonné tout le jour », v. 25 et 23). Le processus de création prend aussi quelquefois les allures d'une scène de vampirisme, le besoin vital de créer par les mots apparaissant sous la forme d'un monstre marin soutirant le sang du poète (« Te voilà verbe », v. 9 et 12). Pis encore, l'œuvre qui en résulte semble être celle d'un étranger, d'un « fils » (« Te voilà verbe », v. 5) dans lequel on ne se reconnaît pas, un adversaire dressé en face de soi, expérience qui rappelle la formule célèbre de Rimbaud : « Je est un autre. »

Quelle attitude ces conditions entraînent-elles chez Garneau ? Ni découragement ni démission. Le « boulet du travail » dont il parle dans sa lettre à André Laurendeau est « un boulet qui pèse bon quand il est voulu ». Et le poète, à l'instar de Sisyphe, persiste à créer « [p]our vivre » (« Autrefois », v. 39), acte pour lui vital qui exige désormais « ingéniosité », calculs complexes pour recréer dans l'espace exigu qui lui est dévolu, « un espace analogue à l'Au-delà » (« Autrefois », v. 37). Enfin, la poésie qui était jeu et élan se nourrit désormais de son « sang » mais, avant de s'en détourner en 1938, Saint-Denys Garneau sera prêt à lui offrir aussi « sa moelle » (« Te voilà verbe », v. 12 et 13).

La souffrance

De nombreux témoignages insistent sur le tempérament changeant de Saint-Denys Garneau : sa gaieté, son rire, son exubérance même, alternant avec des moments de dépression, d'angoisse, de réclusion [36]. Après la « poésie heureuse [37] » des premières sections de son recueil, de nombreux poèmes portent l'empreinte de sa souffrance intérieure et de la perspective de la mort découlant de sa maladie. La mort, comme un oiseau, est tenue captive dans « sa cage d'os » (« Cage d'oiseau », v. 2, 4 et 14) à la fois métaphore et synecdoque du corps du poète réduit ici à cette unique fonction. Ironie tragique que cet oiseau qui retrouve sa valeur libératrice au prix de la destruction du corps.

Autre source de souffrance plus meurtrière même que la perspective de la mort : les contacts sociaux. Saint-Denys Garneau juge futile et insupportable le rapport avec des êtres superficiels et médiocres, attitude à ne pas confondre cependant avec un quelconque sentiment de supériorité puisque, devant des êtres d'exception, devant Dieu aussi, il mesure sa propre médiocrité, se sent tout à fait indigne et comme anéanti. Dans un cri où se mêlent colère et douleur, il accuse ceux « qui [l']ont tué » (« C'est eux qui m'ont tué », v. 1) par leur indifférence, ceux qui ne sont pas « à [lui] venus [l]'embrasser » (v. 17) ; il décrit avec une précision insoutenable les tortures qu'ils lui ont infligées (v. 1 à 9), en apparence involontairement, « sans le savoir, le vouloir, sans le pouvoir/Sans y penser, sans y prendre garde » (v. 14 et 15). Il se demande alors où fuir, « dans quel désert » (v. 18) pour échapper à la persécution dont il se croit l'objet.

C'est ainsi qu'il aspire à la solitude, qu'il la souhaite comme « une amie », comme une « épouse » même (« Ma solitude n'a pas été bonne », v. 16 et 10). Mais très vite celle-ci s'avère décevante,

---

36. Voir le témoignage de Jean Garneau, le frère du poète, dans Jacques Blais, *Saint-Denys Garneau., op. cit.*, p. 7.

37. *Ibid.*, p. 25. Ce sont là les propos du poète français Pierre Emmanuel.

douloureuse pour le fragile poète, être au corps plein de « fissures », de « trous », en voie de « putréfaction » (v. 25, 26 et 29). Son âme abandonnée « [t]oute nue dans le froid désert » (v. 42) de la solitude, il se trouve, lui, coupé de la vie, empêché de « prendre part au terrible jeu [de l'existence]/À l'exigence de toutes ces petites/Secondes irremplaçables » (v. 45 à 47). Le poète, naguère si dynamique, devient prisonnier d'une « [m]aison fermée », riche symbole qui a perdu ici sa valeur de refuge, de protection, où il est livré à l'« ennui » (v. 23) qui l'étouffe, ne disposant plus que d'infimes ressources intérieures, de « quelques branches sèches » (v. 11) pour « conserver un petit feu » (v. 10). Même la nature tant aimée du poète lui paraît hostile, les arbres qui l'enchantaient deviennent « [f]orêts noires pleines/De vent dur » (v. 6 et 7) qui l'emmurent.

Si le poète en proie à la solitude dit : « C'est moi que j'ai déserté » (« Ma solitude n'a pas été bonne », v. 40), la division intérieure qui l'afflige s'exprime de manière encore plus éloquente dans « Accompagnement », où il est dépossédé de sa « joie » (v. 1) et où, par mille opérations, il s'efforce de la recouvrer. Effort vain puisqu'il sait qu'il ne la conquerra qu'au prix de la « perte » (v. 18) — terme qui connote privation et dommage — de son moi sérieux, prenant le visage d'un « étranger » (v. 20), et de la persistance de sa dualité.

Quel aboutissement connaît pareille souffrance ? Elle se transmue en compassion et en générosité, comme dans « Ma maison », poème où ce symbole retrouve la valeur de refuge qu'il avait perdue dans « Maison fermée ». Elle persiste avec toute son acuité dans « Lassitude », à travers la plainte poignante d'un être qui mesure sa déchéance, un être à ses yeux mêmes méprisable, assimilé à un « réduit » (v. 19), dont le contact serait « souill[ure] » (v. 17). Plainte qui est appel au secours, où se profile la figure salvatrice de la femme, avec sa « douceur » (v. 13), sa « bonté » (v. 18), son regard, sa « voix » (v. 23) pour le libérer du vide intérieur et le ramener à la ferveur religieuse. Hantise de la mort, solitude à la fois recherchée et douloureuse, dualité, dégoût de soi, vide intérieur, voilà autant de sources d'angoisse qui conduiront Saint-Denys Garneau à la réclusion totale.

L'écriture
Le vers libre

En feuilletant *Regards et jeux dans l'espace* et *Poèmes retrouvés*, le lecteur cherchera en vain sonnets ou autres poèmes à forme fixe auxquels l'aura habitué le recueil de Nelligan, ce virtuose de la versification. Pourtant, les poèmes de Garneau écolier, puis adolescent, réunis sous le titre de « Juvenilia [38] », révèlent qu'auparavant il ne concevait pas de poésie en dehors des règles traditionnelles de la versification, ne prenant que rarement des libertés par rapport à celles-ci. Qu'est-ce qui explique alors le choix du vers libre dans un contexte où « le relâchement des règles de la versification classique [...] trahi[ssait] des visées anarchiques », où il fallait éviter d'être « séduit par les sortilèges du vers libre » et bien distinguer poésie et prose pour « préserv[er] [sa] santé mentale [39] » ? Certainement pas la fantaisie [40] : Saint-Denys Garneau est un poète, en quête d'authenticité, associant « vérité et beauté [41] ». Il craint que les règles traditionnelles soient comme « un manteau emprunté [42] » et l'empêchent d'être au plus près de sa vérité intérieure. Mais son choix révèle aussi un rejet délibéré de la tradition, une « distance ironique [43] »

---

38. Hector de Saint-Denys Garneau, *Œuvres*, *op. cit.*, p. 37 à 151.
39. Jacques Blais, *De l'ordre et de l'aventure*, *op. cit.*, p. 48.
40. Comme le pensait le critique Maurice Hébert, proche parent du poète et père d'Anne Hébert. Voir la section sur la réception de l'œuvre.
41. Hector de Saint-Denys Garneau, *Lettres à ses amis*, *op. cit.*, p. 225.
42. *Ibid.*, p. 227.
43. Voir Michel Lemaire, « Métrique et prosaïsme dans la poésie de Saint-Denys Garneau », *Voix et Images*, automne 1994, n° 58, p. 82. Ce critique fait remarquer que dans le poème liminaire « C'est là sans appui », les vers ont 10, 11, 13 ou 14 syllabes, mais jamais 12 et que, aux vers 1 et 4, la césure se trouve après la 7ᵉ syllabe.

par rapport à celle-ci et la volonté de renouveler la poésie, ce qui se traduit ici et là par la dislocation du vers classique. Pour Saint-Denys Garneau, « c'est la poésie qui compte et non pas le vers [44] ». Il adopte alors résolument le vers libre, au plus près de la prose. C'est dire qu'il abandonne les poèmes à forme fixe, les rimes et même la ponctuation.

La musicalité des vers
Le rythme

Si la poésie de Garneau offre ici et là quelques exemples de strophes isométriques (« Ma maison »), ses poèmes renferment plutôt des strophes d'inégales longueurs dont les vers sont tantôt amples, tantôt courts et parfois même réduits à une seule syllabe (« Nous ne sommes pas », v. 13). Des rejets brisent parfois le rythme de ces vers comme dans la deuxième strophe de « Saules ».

Le rythme est aussi créé par l'emploi de **blancs** ou **silences**, qui étayent le propos. Ainsi, dans « Lassitude », le blanc exige du lecteur un silence identique à celui dont souffre le poète :

> Quelle voix pourra se glisser, très doucement, sans me briser,
> dans mon silence intérieur ? (v. 29 et 30)

Enfin, des procédés de reprise, telles que les anaphores et les répétitions, contribuent également au rythme du poème. Par exemple, l'**anaphore** et l'**épiphore** qui ouvrent le poème « C'est eux qui m'ont tué » ajoutent un effet de martèlement à la dénonciation pleine de colère qui s'y exprime.

Les sonorités

Le refus des règles ne signifie pas non plus que Garneau néglige les jeux de sonorités : **allitérations** et **assonances** ne manquent pas dans ses poèmes. Ne citons que les vers suivants de

---

44. Robert Élie, « La poésie de Saint-Denys Garneau », *L'Action universitaire*, vol. XVI, n° 1, octobre 1949, p. 39.

« L'aquarelle » où les allitérations soulignent l'équivalence entre le mot, l'image et la chose : « Que l'aquarelle cette claire/Claire tulle ce voile clair sur le papier » (v. 6 et 7).

Le lexique

Garneau recherche vérité et simplicité jusque dans le lexique. C'est ainsi qu'il insère des termes de la vie courante comme « chaise », « fauteuil » (« C'est là sans appui », v. 1 et 2), « vaches » (« Les ormes », v. 6), « cubes de bois » (« Le jeu », v. 7), « piastre » (« Nous ne sommes pas », v. 2) ; des expressions familières comme « leur botter le derrière » (« Il nous est arrivé des aventures », v. 55). Autre trait de la poésie de Garneau : l'emploi de termes scientifiques, comme « transfusions de sang » et « atomes » (« Accompagnement », v. 12 et 13), et surtout de termes de géométrie [45], comme « rayon », « périphérie », « concave », « sphère », « périmètre », « corde », « arc » (« Autrefois », v. 2, 3, 13, 16, 24 et 36). Étrangement, ces mots employés hors de leur contexte habituel se chargent de poésie en se hissant au rang de termes littéraires.

La syntaxe

La syntaxe présente, elle aussi, de nombreuses tournures familières, comme les vers suivants de « Faction » : « Quand on sait ce que c'est/Quelle bête c'est » (v. 11 et 12), l'emploi fréquent du « on » pour le « nous », le singulier du présentatif dans « C'est eux qui m'ont tué ». Ce poème présente d'ailleurs un exemple de « faute » de syntaxe dans le vers « C'est eux en avalanche m'ont écrasé/Cassé en éclats du bois » (v. 5 et 6) où l'omission du pronom relatif « qui » brise la phrase, reflétant l'état lamentable du poète persécuté. Par tous ces traits, Garneau se met en marge de la tradition poétique de son époque, et le prosaïsme de sa poésie « finit par devenir lui-même poésie, par construire une

---

45. À plus d'une reprise, Garneau parle de l'importance des mathématiques et de son intérêt pour la géométrie. Voir *Lettres à ses amis*, *op. cit.*, p. 100, 112, 136.

musique supérieure, discordante» dégageant «un étrange pouvoir de suggestion[46]».

Les images

Recherchant une écriture dépouillée, Garneau n'en recourt pas moins à des images fortes, comme les **métaphores** de l'eau et de la maison, présentes dès le poème liminaire, celle de l'oiseau ou de l'étoile, déjà mentionnées, souvent reprises d'un texte à l'autre où elles évoluent, se prolongent, s'enrichissent de significations nouvelles, ou présentent des facettes contrastées, acquérant valeur de symboles. Outre celles-ci surgissent des images inspirées par le monde de l'enfance et par le merveilleux qui l'imprègne. Ainsi «la boîte à jouets» («Le jeu», v. 25) où le poète puise ses mots devient «coffre qui contient des trésors» («Silence», v. 2 et 3), métaphore de la bouche qui se referme sur les paroles précieuses et intimes pour les garder secrètes. La «vitrine» de «milliers de jouets merveilleux» («Nous ne sommes pas», v. 9 et 10) devient la métaphore de la triviale «piastre de papier vert» (v. 2) métamorphosée par la fertile et indispensable imagination de l'enfant. Les yeux du poète deviennent une «fenêtre magique» par laquelle les éléments de la nature se confondent, les aiguilles de pins paraissant «ruisseler» («Pins à contre-jour», v. 19 et 13). Et c'est à des «alchimies», métaphore de l'intériorisation, que se livre le poète pour recouvrer sa «joie» et l'unité perdue, opération aussi sérieuse que la transmutation des métaux et que la fabrication de l'or («Accompagnement», v. 11). Aux antipodes de cet univers merveilleux surgit un monde cruel dont le poème «C'est eux qui m'ont tué» livre un exemple insoutenable par le biais d'une **comparaison** puisée dans le monde industriel moderne: ainsi, les tortionnaires du poète lui «[o]nt rompu les nerfs comme un câble de fils de fer/qui se rompt net et tous les fils en bouquet fou/Jaillissent et se

---

46. Pierre Nepveu, «La prose du poète», *Études françaises*, vol. 20, n° 3, hiver 1984-1985, p. 15-27.

recourbent, pointes à vif» (v. 7 à 9). Comparaison qui se développe sur trois vers pour détailler les étapes de la torture qui lui est infligée.

Par ailleurs, la nature cyclothymique du poète oscillant entre les élans et le désespoir trouve son expression à travers les figures d'opposition dont l'**antithèse** parfois doublée de **parallélismes** comme dans les vers suivants:

> Anéanti d'ennui vivace
> Exaspéré d'espoir tenace
>
> Toujours en quête de pardon
> Toujours en chasse de péché.
>   «Ma maison» (v. 9 à 12)

Ou encore l'**oxymore**, dont l'exemple suivant: «Le silence strident comme une note unique» («Un poème a chantonné tout le jour», v. 23) traduit la douleur lancinante qui assaille le poète lorsque son inspiration se dissipe, le laissant désorienté, sans «clef» (v. 16 et 25).

Les tonalités

La poésie de Saint-Denys Garneau offre un éventail de tonalités: tonalité lyrique qui surgit dans les exclamations «Joie de jouer! paradis des libertés» («Le jeu», v. 20), qui traverse «Rivière de mes yeux» et les autres poèmes décrivant la nature; tonalité satirique se dégageant du portrait des sédentaires dans «Il nous est arrivé des aventures» (v. 46 à 50) et côtoyant la tonalité épique qu'impose l'appel de la liberté chez les nomades (v. 36 à 39); tonalité réaliste à travers la perspective macabre de l'oiseau dévorant le cœur du poète («Cage d'oiseau», v. 19 à 24) ou à travers le vampirisme du mot, «bouche suçante», «ventouse», qui «se gonfl[e] de son «sang» («Te voilà verbe», v. 9 à 11); tonalité pathétique dans les métaphores insoutenables de «C'est eux qui m'ont tué» (v. 5 à 12); tonalité tragique qui imprègne plusieurs poèmes dont «Lassitude» et «Spleen».

LA RÉCEPTION DE L'ŒUVRE

Les réactions à la publication de *Regards et jeux dans l'espace*, en 1937, ne se font pas attendre. Celles des amis et collaborateurs de *La Relève* sont chaleureuses et témoignent d'une fine compréhension de l'œuvre et de son langage poétique. Robert Élie trouve dans ce recueil une « originalité vraie et l'annonce d'une belle œuvre [47] ». Robert Charbonneau, à son tour, salue la modernité de l'œuvre, portée par « une musique à la mesure de [leur] génération [48] ». À côté de ces éloges s'élèvent des voix discordantes comme celle de Valdombre [49]. Reconnaissant que Saint-Denys Garneau est un « poète et profondément », il trouve que « L'aquarelle », l'un de ses textes les plus dépouillés, est un « exemple de poème difficile à comprendre ». Il reproche également au jeune poète de se permettre des « fantaisies » et des « licences » (vers libre, absence de ponctuation et images) qui rendent sa poésie « inintelligible ». Conscient des qualités comme des faiblesses de son recueil, le poète ne semble pas affecté par ces propos, du moins extérieurement [50]. Il dit s'en réjouir même, car ils contribueront à faire vendre le recueil. Il pense néanmoins que Grignon est « parfaitement insignifiant et malhonnête [51] ». Deux ans plus tard paraît la critique de Maurice Hébert [52], critique estimé et proche parent du poète. Reconnaissant l'originalité du poète, « l'un des plus personnels et, à coup sûr, le plus singulier que nous ayons chez nous jusqu'à ce jour », il cite de nombreux poèmes et invite le lecteur à faire « table rase de toute idée

---

47. Robert Élie, « Regards et jeux dans l'espace », *La Relève*, 1937, IV, 3ᵉ série, p. 123.

48. Robert Charbonneau, « Lettres à St-Denys Garneau », *ibid.*

49. Nom de plume de Claude-Henri Grignon, l'auteur d'*Un homme et son péché*, roman que Saint-Denys Garneau avait d'ailleurs apprécié. Rappelons que le féroce auteur des *Pamphlets de Valdombre* avait accusé Nelligan d'imposture. Voir p. 172 du présent recueil.

50. On peut penser que cela comptera dans sa décision de retirer de la circulation les exemplaires du recueil.

51. Hector de Saint-Denys Garneau, *Œuvres*, *op. cit.*, p. 790.

52. Maurice Hébert, « Regards et jeux dans l'espace », *Le Canada français*, vol. XXVI, nᵒ 5, janvier 1939, p. 464-477.

préconçue» pour mieux apprécier cette œuvre qui exige «une somme notable de concentration et d'acquiescement». Mais il exprime aussitôt ses réticences, invitant le poète à ne pas poursuivre dans la voie de l'hermétisme, à ne pas s'écarter de la norme pour ne pas sombrer dans la fumisterie et l'autodestruction.

Qu'en est-il de la critique émanant de religieux tels que François Hertel et Mgr Camille Roy, entre autres? Si le premier est élogieux, Mgr Camille Roy, autorité religieuse et censeur littéraire, attend 1943 avant d'insérer quelques lignes sur Saint-Denys Garneau dans son *Manuel d'histoire de la littérature canadienne de langue française*. Il qualifie ces «poésies» [d']«incompréhensibles», trouve leur symbolisme «obscur», «inintelligible». Enfin, ces défauts ajoutés à l'absence de ponctuation lui font dire que le poète possède un «art étrange[53]». Manifestement, tout écart à la tradition poétique paraît moralement dangereux à ce prélat alors que le drame de Saint-Denys Garneau ne l'effleure même pas. Mais nombreuses sont les voix qui rendent hommage au poète après sa mort en 1944. Dans le numéro que lui consacre *La Nouvelle Relève*, Jean Le Moyne, qui déclarera en 1960: «Je ne peux pas parler de Saint-Denys Garneau sans colère. Car on l'a tué[54]», y rappelle la quête d'authenticité et de perfection formelle de son ami: «Les poèmes qu'il nous laisse sont parfaitement achevés et chargés de la plus haute somme de vérité dont ils soient capables[55].» En 1947, le poète Alain Grandbois reconnaît l'originalité de cette œuvre innovatrice et rappelle qu'en 1937 les poèmes de Saint-Denys Garneau «éclatèrent comme une bombe [...] d'oxygène pur» et que leur «parfait dépouillement», leur «surprenante simplicité balayaient d'un coup toutes les scories, tous les miasmes dont la poésie canadienne-française était

---

53. Camille Roy, cité dans Jacques Blais, *Saint-Denys Garneau, op. cit.*, p. 35.
54. Jean Le Moyne, «Saint-Denys Garneau, témoin de son temps», *Convergences*, Montréal, HMH, 1961, p. 219.
55. Cité dans Jacques Blais, *Saint-Denys Garneau, op. cit.*, p. 21.

empoisonnée [56] ». La publication des *Poésies complètes* en 1949 vient confirmer l'importance de Saint-Denys Garneau qui, selon l'écrivain et critique Gilles Marcotte, incarne alors « la poésie canadienne-française [57] ». Ce concert d'éloges tarit cependant avec la Révolution tranquille : le poète de la solitude et de l'intériorité ne pouvant constituer une source d'inspiration pour les écrivains engagés de cette période de l'histoire du Québec. Cette étape franchie, Saint-Denys Garneau trouve sa vraie place se « situant à la source de la modernité québécoise [58] ». Sa bibliographie ne cesse de s'enrichir, « [a]ucun poète québécois n'a[yant] fait l'objet de si nombreuses études [59] ». On cherche désormais à lire l'œuvre pour elle-même en dehors du mythe créé par la mort tragique et prématurée du poète [60], en dehors des considérations biographiques, sociologiques ou idéologiques. D'éminents universitaires comme Gilles Marcotte, Eva Kushner, Jacques Blais, Jacques Brault, Pierre Nepveu, entre autres, se penchent sur l'œuvre pour mettre en lumière sa singularité et sa valeur. On s'intéresse au prosaïsme de sa poésie, « le signe le plus sûr de sa grandeur [61] » ; on scrute l'imaginaire qui sous-tend *Regards et jeux dans l'espace*, en y retraçant les trois grands moments du mythe d'Icare [62]. Un colloque consacré à Saint-Denys Garneau et à *La Relève* explore les relations entre l'œuvre du poète et le «*programme*», l'«*idéologie*», le «*discours*» de cette revue [63]. La seconde édition critique des

---

56. *Ibid.*, p. 13.
57. *Ibid.*, p. 40.
58. Jean Royer, *Introduction à la poésie québécoise. Les poètes et les œuvres des origines à nos jours*, Montréal, Bibliothèque québécoise, 1989, p. 52-53.
59. Laurent Mailhot et Pierre Nepveu, *La poésie québécoise. Anthologie*, Montréal, Typo, 1990, p. 204.
60. Voir les numéros des revues *Études françaises*, hiver 1984-1985 et *Voix et Images*, n° 58, 1993.
61. Pierre Nepveu, « La prose du poète », *loc. cit.*, p. 17.
62. Jacques Blais, *Saint-Denys Garneau et le mythe d'Icare*, *op. cit.*, 141 p.
63. Benoît Melançon et Pierre Popovic, *Saint-Denys Garneau et La Relève*, Actes du colloque tenu à Montréal le 12 novembre 1993, Fides-CETUQ, 1994, p. 8. Les trois termes cités sont en italiques dans le texte.

Œuvres, dont est paru un des trois tomes, continuera d'ouvrir de multiples voies de recherches. Les écrivains eux-mêmes réservent une place à Saint-Denys Garneau : il inspire à Anne Hébert le personnage de Michel des *Chambres de bois* et le scénario d'un film produit par l'ONF en 1960. Le poète Paul Chamberland s'identifie à lui dans un vers de *L'afficheur hurle*[64]. Enfin, grâce au groupe de musique Villeray, la poésie de Garneau « pénètr[e] même la culture populaire[65] ».

L'œuvre de Saint-Denys Garneau est certainement « plus vivante que jamais, [elle] apparaît comme la source majeure de la modernité québécoise : d'une grande liberté de forme, elle est capable d'ironie et de prosaïsme, de jeu comme de confession tragique. Jusque dans ses maladresses, elle témoigne d'une recherche passionnée de l'absolu et d'un combat contre la mort[66]. »

64. Paul Chamberland, *L'afficheur hurle*, Montréal, Parti pris, 1946, p. 22. Le poète écrit : « c'est hier/les grands silences bleutés du froid m'investissent me détruisent/fixent en moi l'espace affolé du grand loup blessé à mort/je suis Saint-Denys Garneau sous le regard du mauvais pauvre/je sais prier me torturer inventer la chapelle ardente de mes beaux désastres ».

65. Jacques Lacoursière, *Histoire du Québec*, présentation des poètes par Jean Royer, Montréal, Henri Rivard éditeur, 2001, p. 36.

66. Laurent Mailhot et Pierre Nepveu, *op. cit.*, p. 204.

ANNE HÉBERT

SA VIE
Les origines

Anne Hébert est née le 1er août 1916 à Sainte-Catherine-de-Fossambault[1], dans une maison d'été, non loin du manoir de la famille de Saint-Denys Garneau, son petit-cousin. Tout comme celui-ci, elle était d'ascendance noble par sa mère, Marguerite Duchesnay-Taché[2]. Son père, Maurice-Lang Hébert, d'origine acadienne[3], était avocat, fonctionnaire, poète et critique littéraire. Le couple, qui eut quatre enfants, vivait à Québec. Bien qu'appartenant au milieu fermé et étriqué de la bourgeoisie de la vieille ville, il s'en distinguait par son ouverture au monde et son intérêt marqué pour la culture.

1. Aujourd'hui, Sainte-Catherine-de-la-Jacques-Cartier, dans le comté de Portneuf, à une quarantaine de kilomètres au nord-ouest de Québec.
2. L'aïeul, Achille Taché, était seigneur de Kamouraska, et le grand-père maternel, Eugène-Étienne Taché, l'architecte du Parlement de Québec. Son arrière grand-mère maternelle était, quant à elle, fille d'Antoine Juchereau-Duchesnay, député fédéral et seigneur de Sainte-Catherine-de-Fossambault. La mère de Saint-Denys Garneau, Hermine Duchesnay-Prévost et celle d'Anne Hébert étaient cousines.
3. Les ancêtres paternels d'Anne Hébert avaient connu la déportation. Voir Frédéric Brochu, « Généalogie d'Anne Hébert : des familles marquantes dans l'histoire du Québec », *Les Cahiers Anne Hébert*, n° 7, p. 19-30.

L'amour de la littérature

Jusqu'à l'âge de 11 ans, où elle commence à fréquenter l'école, Anne Hébert suit des cours privés à la maison. Son père veille à l'éducation de ses enfants en leur insufflant l'amour de la lecture, le respect de la langue française et la fierté d'être canadiens-français [4]. Il leur lit très tôt des œuvres aussi variées que *Les malheurs de Sophie*, *Maria Chapdelaine* et *Don Quichotte*. Lorsque la jeune Anne, d'une extrême timidité, devra aller à l'école et côtoyer des compagnes de la vieille ville dont elle devient le souffre-douleur, elle se console à la pensée qu'en rentrant chez elle, elle pourra se réfugier dans ses livres. Sa mère n'a pas moins d'influence sur elle que son père [5], communiquant à ses enfants le goût des histoires, des contes et du théâtre, art qui la passionne. Quelques années plus tard, d'ailleurs, durant six étés, Anne Hébert, Saint-Denys Garneau et leurs amis monteront, à la salle paroissiale de Sainte-Catherine-de-Fossambault, plusieurs pièces, dont *Le malade imaginaire*, de Molière.

Plus tard, elle découvre Rimbaud, l'auteur qui l'a le plus «impressionnée [6]» et dont elle dit qu'il est «absolument génial». Cependant, «la seule influence qu'[elle] reconnaisse est celle de Saint-Denys Garneau [7]», influence dont l'œuvre future portera de multiples traces. Celui-ci lui fait aussi connaître ses amis de *La Relève* ainsi que les poètes français qu'ils admirent: Baudelaire, certes, mais également Éluard, Claudel et Supervielle, leurs contemporains. Anne Hébert s'imprègne également de la Bible dont elle dit: «C'est peut-être l'œuvre qui m'a marquée le plus [8].» Ce livre sacré dont on trouve de nombreuses allusions dans toute son œuvre, elle le considère toutefois comme un héritage culturel plutôt que religieux.

---

4. C'est ce qu'affirme Anne Hébert dans *Anne Hébert 1916-2000*, film que lui consacre Jacques Godbout.

5. André Vanasse, «L'écriture et l'ambivalence, une entrevue avec Anne Hébert», *Voix et Images*, vol. VII, n° 3, printemps 1982, p. 442.

6. *Ibid.*, p. 443.

7. *Ibid.*

8. *Ibid.*, p. 444.

L'amour de la nature

À Sainte-Catherine-de-Fossambault, où sa famille passe les étés, Anne Hébert explore le paysage de forêts et d'eau — celle de la Jacques-Cartier et celle d'un torrent avoisinant — que lui font découvrir ses parents, grâce à leur « intimité avec la nature[9] ». Saint-Denys Garneau contribue, lui aussi, à la lui faire aimer : « Il m'apprenait à voir la campagne, écrit-elle. La lumière, la couleur, la forme : il les faisait surgir devant moi[10]. » Cet exercice du regard aiguisera sa sensibilité à la nature et aux éléments et se reflétera dans toute son œuvre.

Les premiers écrits

Très tôt, Anne Hébert se plaît à écrire des contes et des pièces de théâtre. Elle s'adonne également à ce qu'elle appelle des « notations d'impressions » qu'elle hésite à qualifier de poésie puisqu'elles n'en présentent pas les traits traditionnels (rimes, par exemple). Son père, à qui elle les fait lire, lui confirme qu'il s'agit de poèmes et l'encourage à poursuivre dans cette voie.

La publication en 1937 de *Regards et jeux dans l'espace*, de Saint-Denys Garneau, affermit son élan créateur et, en 1942, elle publie son premier recueil de poèmes, *Les songes en équilibre*, pour lequel elle obtient le troisième prix au concours Athanase David (1943). La même année survient la mort de Saint-Denys Garneau, événement « qui a dû représenter un important traumatisme pour la jeune femme[11] » et qui entraîne, selon André Brochu, « sa conversion matérialiste[12] ».

---

9. Michelle Lasnier, « Anne Hébert, la magicienne », *Châtelaine*, avril 1963, p. 74. Saint-Denys Garneau fait la même remarque au sujet de sa mère.

10. Anne Hébert, « De Saint-Denys Garneau et le paysage », *La Nouvelle Relève*, vol. III, n° 9, décembre 1944, p. 523.

11. André Brochu, « Anne Hébert ou la matière créatrice », *Les cahiers Anne Hébert*, n° 5, p. 13.

12. *Ibid.* Le critique explique que la poète choisit alors « la dure réalité d'une existence privée des consolations mythiques » et qu'elle se tourne résolument vers le concret, la réalité d'ici-bas où loge pour elle le sacré.

Dès 1945, Anne Hébert entreprend l'écriture du recueil de nouvelles intitulé *Le torrent*, dont la nouvelle éponyme constitue un jalon de la littérature québécoise. Mais elle devra le publier à compte d'auteur en 1950, les éditeurs ayant refusé le manuscrit, jugé «trop violent» pour le «Canada français [...] nation jeune et saine», y voyant «des choses malsaines à ne pas mettre entre toutes les mains[13]».

En 1953, elle publie, à nouveau à compte d'auteur, son deuxième recueil de poèmes, *Le tombeau des rois*, auquel elle aura travaillé près de 10 ans. Ces «premières publications, affirmera-t-elle, contiennent, vraiment en nœud, en nœud fermé, tout ce qui va se développer par la suite[14]».

Paris

En 1953, Anne Hébert est engagée comme scripteure à l'Office national du film, à Ottawa, puis comme scénariste, dès août 1954, à Montréal. Cette même année, grâce à une bourse, elle part pour Paris où elle séjourne trois ans. Elle s'y établira en 1966, après la mort de ses parents. Refusant de parler d'exil[15], elle dira plutôt «aimer la vie à Paris», soulignant que sa mère lui avait parlé de cette ville qu'elle avait visitée avant son mariage comme d'un «pays mythique [qui] s'était mis à vivre en [elle], plus fabuleux qu'aucune terre humaine[16]».

Nul doute que le refus des éditeurs de publier *Le torrent* et *Le tombeau des rois* ait également contribué à son départ pour la France, où la revue *Esprit* avait déjà publié quelques-uns de ses poèmes. Les Éditions du Seuil lui ouvrent grandes leurs portes[17]

---

13. http://www.anne-hebert.com
14. Lise Gauvin, «Une entrevue avec Anne Hébert», dans Madeleine Ducrocq-Poirier *et al.*, *Anne Hébert, parcours d'une œuvre*, Colloque de Paris III et Paris IV-Sorbonne, mai 1996, Montréal, l'Hexagone, 1997, p. 224.
15. Dans le film réalisé par Jacques Godbout.
16. Anne Hébert, citée par Neil Bishop, *Anne Hébert, son œuvre, leurs exils*, Talence, Presses universitaires de Bordeaux, 1993, p. 74.
17. Elle sera la «première auteure québécoise à accéder au Seuil». Voir Pascale Mongeon, «Réceptions française et québécoise de *Poèmes* d'Anne Hébert», *Les Cahiers Anne Hébert*, n° 5, p. 41.

en publiant son premier roman, *Les chambres de bois* (1958) et toute son œuvre ultérieure. Plus récemment, son dernier éditeur reconnaissait qu'Anne Hébert avait osé vouloir « rivaliser avec les grands [18] ». En effet, on peut voir dans le départ pour Paris et dans la volonté d'être publiée l'affirmation de sa vocation d'écrivain.

Fait à souligner cependant, ce départ ne constitue nullement un rejet du Québec, qui forme d'ailleurs le cadre de la majorité des œuvres d'Anne Hébert. La poète n'affirme-t-elle pas :

> C'est la vie que j'aime à Paris. Mais je n'écris pas sur ce que je vois autour de moi. J'écris sur ce que j'ai en moi. **Le Québec est en moi profondément. Il est tricoté avec moi.** Il fait partie de ma vie. Alors ça vient tout spontanément. En m'exprimant moi-même, j'exprime les paysages que j'ai connus, que j'ai aimés [19].

Une existence vouée à l'écriture

Se consacrant à l'écriture, Anne Hébert demeure très discrète sur sa vie. Jusqu'en 1997, elle publie une œuvre considérable composée de plusieurs pièces de théâtre, de neuf romans, d'un récit, de cinq recueils de poèmes dont les derniers s'intitulent *Le jour n'a d'égal que la nuit* (1992) et *Poèmes pour la main gauche* (1997). Dès son deuxième roman, *Kamouraska* (1970), elle peut déjà vivre de sa plume, le roman ayant été publié à 100 000 exemplaires et porté à l'écran par le cinéaste Claude Jutra, l'auteure en ayant assuré la coscénarisation. En 1982, son cinquième roman *Les fous de Bassan* (1982) obtient le prestigieux prix Fémina [20]. Il

---

18. C'est ce qu'affirme, dans le film de Jacques Godbout, Jean-Marie Borzeix, le dernier éditeur d'Anne Hébert aux Éditions du Seuil.

19. Lise Gauvin, *loc. cit.*, p. 226. Les caractères gras sont dans la transcription du texte de l'entrevue.

20. Rappelons que d'autres écrivaines québécoises ont aussi été honorées en France : Gabrielle Roy avait obtenu ce prix en 1947 pour *Bonheur d'occasion* ; Marie-Claire Blais, le prix Médicis en 1966 pour *Une saison dans la vie d'Emmanuel*, et Antonine Maillet, le prix Goncourt en 1979 pour *Pélagie-la-Charrette*.

est, lui aussi, porté à l'écran par Yves Simoneau. L'œuvre d'Anne Hébert est également saluée au Québec où prix et bourses se succèdent. Elle reçoit trois fois le Prix du Gouverneur général : en 1961 pour *Poèmes* ; en 1975, pour *Les enfants du sabbat* et, en 1992, pour *L'enfant chargé de songes* ; le prix David pour l'ensemble de son œuvre, en 1978, et le prix Gilles-Corbeil de la Fondation Émile-Nelligan, en 1994.

En 1993, recevant un doctorat honorifique de l'Université de Sherbrooke, elle accepte « avec joie la mise sur pied [21] » du Centre Anne-Hébert, consacré à son œuvre. Elle verse aux archives de cette institution ses manuscrits, sa bibliothèque et divers documents.

En 1997, Anne Hébert revient à Montréal où elle décède en janvier 2000, à l'âge de 84 ans. Au cimetière de Sainte-Catherine-de-Fossambault, une sobre plaque tombale la rappelle au passant et contraste avec l'héritage qu'elle lègue à la littérature universelle.

LA DIFFUSION DE SON ŒUVRE

En 1942 paraissent *Les songes en équilibre*, le premier recueil d'Anne Hébert, dont le manuscrit, présenté aux Éditions de l'Arbre [22], est immédiatement accepté. La publication préalable de poèmes d'Anne Hébert dans différentes revues, comme *La Nouvelle Relève*, contribue à susciter de l'intérêt envers cette première œuvre. Le second recueil intitulé *Le tombeau des rois*, achevé en 1945, ne sera publié qu'en 1953, avec une présentation du poète français bien connu, Pierre Emmanuel. L'ouvrage sera édité à compte d'auteur [23], grâce au romancier Roger Lemelin, qui avancera la somme nécessaire, et à Jeanne Lapointe, professeur à

---

21. Propos tenus par Anne Hébert et cités dans « La vie du centre », *Les Cahiers Anne Hébert*, n° 1, 1999, p. 111.

22. Maison d'édition fondée en 1940 par Robert Charbonneau et Claude Hurtubise, deux membres de *La Relève*.

23. Ce fut aussi le cas du recueil de nouvelles intitulé *Le torrent*, dont le manuscrit avait été refusé par tous les éditeurs.

l'Université Laval et collaboratrice à *Cité libre*. Cette situation tient aux difficultés que connaît le monde de l'édition[24] dans le Québec de l'après-guerre, mais aussi à la nature de l'œuvre elle-même, qui déroute les éditeurs.

En 1960, les Éditions du Seuil publient *Poèmes,* recueil composé de deux parties : la première contient la réédition du *Tombeau des rois*, précédé de la présentation de Pierre Emmanuel ; la seconde partie comprend un recueil jusque-là inédit, intitulé *Mystère de la parole*. Celle-ci s'ouvre sur « Poésie solitude rompue », un texte en prose qui constitue l'art poétique d'Anne Hébert. Publié à Paris, tout comme *Les chambres de bois* (1958), ce recueil marque la reconnaissance de la poète par la critique française. Les études[25] signées Pierre Pagé (1965) et René Lacôte (1969), accompagnées toutes deux d'une anthologie, contribuent, elles aussi, à mieux faire connaître Anne Hébert tant au Québec qu'en France.

En 1992, les Éditions du Boréal, conjointement avec Le Seuil, regroupent, sous le titre *Œuvre poétique*, *Le tombeau des rois* (1953), *Mystère de la parole* (1960) et *Le jour n'a d'égal que la nuit* (1992), avant-dernier recueil d'Anne Hébert, précédé d'un texte en prose intitulé « Écrire un poème ». En 1997 paraît, chez Boréal, le denier recueil de la poète, *Poèmes pour la main gauche*.

L'œuvre poétique d'Anne Hébert intéresse également les universitaires du Canada anglais, dont Frank Scott, poète et professeur. Sa traduction du « Tombeau des rois » donne lieu, en 1970, à des échanges avec la poète, publiés dans *Dialogue sur la traduction, à propos du « Tombeau des rois »*, avec une présentation de Jeanne Lapointe. Nul doute que l'édition critique de l'œuvre d'Anne Hébert à laquelle travaille le Centre Anne-Hébert de l'Université de Sherbrooke révélera des inédits, permettra la réédition et la redécouverte des *Songes en équilibre* et multipliera les recherches sur cette grande écrivaine.

---

24. Jacques Michon, « Perception et réception des premières œuvres d'Anne Hébert (jusqu'en 1960) », *Anne Hébert, parcours d'une œuvre, op. cit.*, p. 25.
25. Voir la bibliographie.

L'ŒUVRE ÉTUDIÉE

La présente anthologie compte vingt poèmes choisis dans les trois premiers recueils d'Anne Hébert. Les quatre premiers sont tirés des *Songes en équilibre*, les dix suivants du *Tombeau des rois* et les cinq derniers, précédés d'extraits de « Poésie solitude rompue », font partie de *Mystère de la parole*.

Les thèmes
L'intériorité

Pour Anne Hébert, « [é]crire un poème, c'est tenter de faire venir au grand jour quelque chose de caché[26] », c'est être « à l'écoute de ce qu'il y a de plus intérieur en [soi]-même[27] ». Même si cette entreprise aboutit dans son cas à une renaissance libératrice, elle n'en constitue pas moins une démarche exigeante et douloureuse, à l'image d'une épreuve initiatique. Elle est douloureuse parce qu'elle est affrontement entre le désir de la poète de s'ouvrir au monde et les obstacles qui logent au plus profond d'elle-même. Ces obstacles sont la plupart du temps représentés par des métaphores spatiales. Tantôt des lieux sombres, difficiles d'accès, comme la « dense forêt » (« Éveil au seuil d'une fontaine », v. 7), les « bois profonds » (« Les grandes fontaines », v. 1). Tantôt des lieux clos donnant sur une « rue fermée », entourés d'une « barricade », d'une « muraille », comme dans « Retourne sur tes pas » (v. 2, 3 et 22) ; des lieux où l'on descend, comme cette nécropole souterraine, enfilade de « chambres secrètes et rondes », « tombeaux » que l'on n'atteint qu'au bout de « dédales » (« Le tombeau des rois », v. 23, 6 et 10).

Il arrive que, devant les chemins obstrués, la poète consente au recueillement, à la « visite de [son] cœur souterrain », recherchant même « la maison la plus étanche », un « caillou » même

---

26. Anne Hébert, « Écrire un poème », *Œuvre poétique (1950-1990)*, Montréal, Boréal Compact, 1993, p. 97.
27. André Brochu, *Anne Hébert. Le secret de vie et de mort*, Ottawa, Les Presses de l'Université d'Ottawa, 2000, p. 270.

(«Retourne sur tes pas», v. 13, 7 et 9). Cependant, ce cœur dérive et substitue au réel le songe, terme fréquent sous la plume d'Anne Hébert, entendu «non pas comme une rêverie, une songerie ou un rêve, mais comme une fuite hors du monde ou du réel[28]», évitant à la poète la tâche ardue de composer avec le temps. Dans cet espace qui est «l'envers du monde[29]», la vie et l'amour sont vécus en imagination : «Voyage sur les lignes de ta main» se dit la poète, en tentant de se convaincre que l'aventure imaginaire vaut bien les vrais «chemins du monde». L'illusion ne dure cependant pas, et le réel la rattrape de façon fulgurante sous la forme du «désir [qui] vole, rôde et poudre», et des larmes («Retourne sur tes pas», v. 14, 15 et 23).

Cette plongée dans l'intériorité conduit aussi la poète vers l'univers de l'enfance, d'une enfance révolue. Celle-ci pèse encore très lourd et prend le visage d'«[u]ne petite morte» obstruant le passage vers le monde et forçant à une vie passive, «minuscule et tranquille» (v. 16), occupée à des tâches anodines comme celle de «[b]alayer la chambre/[e]t ranger l'ennui» (v. 11 et 12), avec le risque de se laisser séduire par la mort et son «odeur capiteuse» (v. 21). Ailleurs, dans «Les petites villes», la poète tente de se libérer de cette enfance qui confine au «songe» (v. 35), enfance cette fois représentée par des «villes» (v. 1), constructions complexes, symboles de protection. Celles-ci ne sont plus que de «petites villes/De toutes petites villes tristes» (v. 1 et 2), désormais désertes, «sonores de silence» (v. 24), lieux de désolation pour celui qui y reste attaché, d'où l'oxymore du «présent redoutable»

---

28. Robert Harvey, *Poétique d'Anne Hébert. Jeunesse et genèse*, suivi de *Lecture du Tombeau des rois*, Montréal, L'instant même, 2000, p. 296. L'auteur ajoute : «Perçu de façon positive, le songe consiste essentiellement en une fidélité indéfectible de la mémoire à la pureté des origines. Cependant il se révèle toujours négatif lorsqu'il est compris comme un entêtement à vouloir continuer à vivre au paradis perdu. Empoisonnant le présent, cet entêtement s'avère souvent mortel, puisque le songe exige que le sujet s'en tienne strictement au "petit espace" d'une existence exsangue.» (p. 297)

29. André Brochu, *op. cit.*, p. 52.

(v. 33), cadeau empoisonné qui rend captif du « songe », avertissement judicieux qu'elle formule tout en l'offrant.

Enfin, l'aventure intérieure conduit la poète devant des figures d'autorité séculaires, « incarnation de la transcendance [30] » ou ancêtres auréolés de prestige [31]. Mais ces ancêtres qui figurent dans « Le tombeau des rois » tels les « sept grands pharaons d'ébène » (v. 46) sont momifiés, parés de bijoux qui camouflent leurs « noirs ossements » (v. 27), marqués par le sceau de l'artifice, de l'inauthenticité. Ils fascinent la poète qui, à leur image, se « maquille » (v. 40), portant un « masque d'or » sur sa « face absente » (v. 38), signe d'une identité qui ne s'est pas encore trouvée. Dans cette descente en soi, la poète se trouve sous la domination de l'« auteur du songe » (v. 15), de ce qui la met à l'écart de la vie. Partageant avec ces pharaons la « source du mal » (v. 55), elle se soumet à leur étreinte douloureuse (« l'étau des os », v. 57), rite sacrificiel qui lui fait frôler la mort à leurs mains. Mais cette expérience extrême du « songe », elle la juge désormais « horrible » (v. 59), l'ayant subie à satiété, jusqu'à en être « repue » (v. 59), épreuve initiatique qui est cependant condition de sa délivrance, de sa sortie de l'aliénation, de la nuit vers la lumière.

Au cours de cette douloureuse plongée dans l'intériorité, l'oiseau apparaît associé à l'enfermement et à la descente et non pas au « désir dynamique d'élévation », comme c'est généralement le cas ; ce désir, ici, est entravé. Dans « les petites villes tristes » de l'enfance, ces oiseaux sont morts, et, en parcourant ces lieux à présent déserts et sans vie, la poète se demande où se trouvent « leurs corps figés » (« Les petites villes » v. 2 et 23). Ailleurs, dans le « Tombeau des rois », l'oiseau, métaphore du « cœur » (v. 1) de la poète est un « faucon » (v. 2), champion de la chasse au vol, mode d'appropriation du monde. Or, cet animal

---

30. *Ibid.*
31. On peut penser ici à la « volonté antérieure à la mienne » de François, personnage du *Torrent*. On peut également penser à la « vieille femme », allégorie de la sagesse, dont il sera question à la page 213.

noble est « aveugle » (v. 2), infirme et incapable d'exercer la fonction pour laquelle il est né, ce qui traduit bien l'envol entravé de la poète. Heureusement, au bout de l'éprouvante descente en soi, ses « prunelles crevées » (v. 65), tournées vers l'aube, signalent que s'ouvre une ère nouvelle caractérisée par la délivrance du songe et l'affirmation de la présence au monde.

La présence au monde

Malgré le puissant attrait du songe, dès son premier recueil, *Les songes en équilibre* (1942), se manifeste chez Anne Hébert l'amour de la vie, la « passion du monde » (« Mystère de la parole », v. 1). La poète en célèbre les aspects les plus divers qu'elle résume par l'exclamation au pluriel éloquent de « Terrestres paradis ! » (« Terre », v. 67). Toutefois, cet amour, on le sent entravé, et la poète doit réclamer le droit de contempler ce qui l'entoure, ce qu'elle fait avec lyrisme à travers l'anaphore « Laissez-moi mes yeux/Laissez mes yeux/Courir sur le monde » (« Tableau de grève », v. 41 à 43). Le spectacle qui s'offre à ses « yeux avides » (« Il y a certainement quelqu'un », v. 15) la nourrit d'impressions et de sensations, et l'emplit d'une admiration qu'elle voudrait perpétuelle : « Et, s'il vous plaît, tenez-nous/Toujours émerveillés », écrit-elle dans « La terre » (v. 72 et 73). Cette exaltation ne la prive toutefois pas de lucidité, d'où la prière formulée dans « Terre » : « Délivrez mon âme/Des paysages lunaires/Que le soleil n'atteint plus ! » (v. 78 à 80). À ces « paysages lunaires », lieux chimériques et lieux de désolation, où rien de vivant ne subsiste, à ces lieux obscurs aussi, Anne Hébert préfère la lumière et le jour, associés chez elle à l'ancrage indispensable dans la vie. Aux chimères qu'elle illustre également dans « Les pêcheurs d'eau », ces pêcheurs d'illusions, elle préfère une présence qui soit active, qui « délivr[e] » de « l'engourdissement » (« La terre », v. 70 et 71). Une présence à l'image de la « femme qui coud » (« Les pêcheurs d'eau », v. 18), en pleine lumière, assise au pied d'un arbre bien droit, bien enraciné et au sommet duquel d'ailleurs se tient un oiseau, cette fois bien vivant et souverain

(v. 14 à 16). Geste humble que la couture — qu'il ne faut pas confondre avec celui des Parques —, geste répétitif, persévérant, grâce auquel elle « [r]efait, point à point,/L'humilité du monde » (v. 22 et 23), soulignant par cette expression la nature terrestre, concrète, palpable de celui-ci par opposition à une vision déformée de la réalité, bref aspirant à une vie à l'endroit et non à une vie à l'envers. Cependant, cet humble ouvrage n'est pas de tout repos, et les « deux mains » de cette femme sont « brûlées » (v. 25), souffrance inévitable que la poète ne craint pas : « Qu'importe la douleur/Tant qu'elle aura du goût », s'exclame-t-elle dans « Terre », (v. 68 et 69). Cette exposition au monde, la poète la décrit en convoquant à nouveau le symbole des mains dans un autre poème. Celles-ci en portent les traces, les « signes » (« Les mains », v. 9), les « chiffres profonds » (v. 11), illustrés par la métaphore des « bagues massives et travaillées » (v. 12), qui ornent certes, mais qui « accablent » (v. 12) aussi. Et ces « mains de douleurs parées » (v. 16) ne peuvent présenter à autrui qu'une « offrande impitoyable » (v. 15), oxymores illustrant la lucidité de la poète qui assume la vie dans toute sa complexité et ses contradictions.

Cette présence au monde, active et lucide, s'exprime aussi à travers d'autres images que celle des mains : images des « chemins durs qui s'ouvrent à perte de vue », de la « route », des « grèves » (« La sagesse m'a rompu les bras », v. 30, 25 et 19) ; images qui connotent le mouvement, l'ouverture vers l'ailleurs, permettant de répondre à l'« appel du monde » (« Survienne la rose des vents », l. 18) et contrastant avec l'enfermement associé à la plongée dans l'intériorité. Comme elle est quête de clarté et de vie plus intense, s'y adjoignent également les images de la « lumière », du « feu », de l'« éclair » (« Mystère de la parole », l. 4, 3 et 24), du « jour » et du « plein midi » (« La sagesse m'a rompu les bras », v. 25 et 27). Bref, par sa présence au monde et son attention à la vie, Anne Hébert répond à « l'appel des choses et des êtres » et leur confère ce « rayonnement de surplus » (« Poésie solitude rompue », l. 9 et 11), tâche humaine, concrète, plus sacrée que toute forme de spiritualité.

La révolte

« Je crois que, foncièrement, je suis une révoltée », affirme
Anne Hébert dans le film que lui a consacré l'écrivain et cinéaste
Jacques Godbout. Mais, précise-t-elle ailleurs : « Je ne suis en
colère que lorsque j'écris [32]. » Difficile, en effet, d'imaginer
« [c]omment cette belle dame au regard unique peut [...] être
habitée d'une telle violence, d'une telle colère [...] [33] ». Dans les
deux premiers recueils de poèmes, la révolte couve. Elle se manifeste, contenue, à travers des requêtes et des supplications [34], à
travers des avertissements aussi, comme dans les vers suivants de
« Marine » où, parlant de ses yeux, la poète dit : « Qui a donc
dit/Qu'ils étaient calmes/[...] Gare aux courants du fond » (v. 20,
21 et 28). Elle se manifeste à travers la plainte exprimée dans « Il
y a certainement quelqu'un », dénonçant un meurtre inachevé,
d'autant plus cruel qu'il laisse intacts le cœur et le regard de la
poète devant la « beauté du monde » (v. 13) hors d'atteinte.

La révolte ouverte se manifeste plus particulièrement dans
certains poèmes de *Mystère de la parole*. Lucide, elle dénonce
principalement la soumission à des valeurs abstraites, spirituelles,
qui prennent le pas sur l'existence concrète. Ainsi, par exemple,
dans « Mystère de la parole », la référence à « un pays tranquille »
(l. 1) placé sous le signe de la « charité » (l. 5), mené par la « crainte
et la pudeur » (l. 6), subordonné au divin plutôt qu'au monde offert
à nos yeux. Cette révolte dévoile également la complaisance dans le
« malheur » (« Trop à l'étroit », l. 1), sorte de vêtement dans lequel
on étouffe désormais, « vieille peau », « vieille tunique » (l. 2 et 3)
que l'on déchire, parce qu'on y est « trop à l'étroit » (l. 1), expression
dont les sonorités même suggèrent une angoisse et une détresse qui
mettent le corps à « sueur et à sang » (l. 5). De toutes les valeurs

---

32. Entrevue accordée à Paule Lebrun, « Les sorcières », *Châtelaine*, novembre 1976,
    p. 42.
33. Yves Préfontaine, « La poésie d'Anne Hébert : l'ancrage québécois d'une esthé-
    tique de la colère », *Anne Hébert, Parcours d'une œuvre, op. cit.*, p. 52.
34. Voir ci-dessus le thème de la présence au monde, p. 212.

spirituelles, c'est la sagesse qui suscite chez la poète la rébellion la plus véhémente («La sagesse m'a rompu les bras»). Représentée par «une très vieille femme» (v. 2), cette sagesse est pervertie, devient synonyme de valeurs matriarcales séculaires abusives qui forcent à la docilité, à la soumission, à la passivité, s'insinuant insidieusement entre les «côtes» (v. 10), «romp[ant] les bras, bris[ant] les os» (v. 1), réprimant toute réaction et niant toute identité. Valeur associée à une religion aliénante, ce que suggèrent les nombreuses références religieuses («vigne», «âme bénie», v. 9), valeur hypocrite, sournoise que la poète dénonce au moyen des oxymores de l'«insulte fade» (v. 7) et du «parfum» qui «empoisonn[e]» (v. 11). De la dénonciation véhémente, la poète passe à la violence illustrée par la métaphore de l'«orage mûriss[ant] sous [ses] aisselles» (v. 12). Une violence toute physique pour extirper cette valeur sclérosante, la consommer jusqu'à son «noyau pourri» (v. 16). Elle lui oppose d'autres valeurs tout aussi anciennes, mais représentées par les images du «fer» et du «feu» (v. 8), de l'«éclair» et des «mines» (v. 24), «profondes et noires» (v. 23), réalités toutes terrestres qui connotent la combativité, «héritage» (v. 8) authentique, usurpé par la «sagesse», et que la poète revendique. Une violence qui fait appel à l'autre, mêlée à la passion amoureuse envers l'«ami le plus cruel» (v. 17) dans une union qui frôle la mort (v. 19), aboutissement extrême de toute épreuve, après quoi est possible le mouvement, le départ vers ailleurs, sans protection, en pleine lumière, au prix du bannissement, de la marginalité, mais en quête d'une existence totale qui assume la complexité de la vie.

La poésie

Tout comme Saint-Denys Garneau, Anne Hébert réfléchit à la création poétique — indice de la modernité de ces poètes. Sa réflexion englobe poésie et prose, car «même dans le registre romanesque, [son] œuvre peut être entièrement imprégnée de poésie[35]».

---

35. André Brochu, «Anne Hébert ou la matière créatrice», dans *Les Cahiers Anne Hébert*, n° 5, p. 12.

Dès *Les songes en équilibre* (1942), empruntant la métaphore de la peinture, Anne Hébert réclame la liberté de créer, de « confondre/L'eau et la couleur » (« Tableau de grève », v. 34 et 35), geste familier de l'artiste. Une liberté assimilée au jeu (v. 37 à 40), tout comme chez Saint-Denys Garneau [36], indépendante de toute autre visée que celle de laisser son regard « [c]ourir sur le monde » (v. 43) pour l'explorer, revendication qui en dit long sur les contraintes thématiques et formelles qui pesaient, jusque dans la première moitié du XXᵉ siècle, sur les écrivains du Québec.

Le propos d'Anne Hébert ne porte pas sur l'œuvre achevée ni sur les règles à suivre pour y parvenir. Ainsi, dans « Poésie solitude rompue », texte en prose qui développe son art poétique, le mot poésie est entendu au sens étymologique d'action de créer, « expérience profonde et mystérieuse » (l. 1), « cheminement intérieur » (l. 3) difficiles à cerner. La poète lui confère un caractère sacré en recourant à la métaphore biblique de la création. Elle précise bien que l'œuvre « n'est pas le repos du septième jour » (l. 45), mais le travail accompli pendant « les six premiers jours » (l. 46) où du chaos surgissent la terre et ses éléments distincts. La poésie, entendue au sens d'action, se reconnaît en filigrane même dans certains poèmes à travers le motif des mains et des doigts, comme dans « Éveil au seuil d'une fontaine ». La poète y sent « [s]ourdre un geste » (v. 22) qui n'est sans doute pas étranger à celui de l'écriture, geste qui part des doigts, envahit le bras, l'épaule et sans doute le corps tout entier, illustrant son investissement total dans la création. L'aventure poétique est aussi très exigeante : il faut affronter l'univers des mots, surmonter « la résistance de son propre cœur tranquille de muet » (« Poésie solitude rompue », l. 12), se faire violence, « lutte[r] avec l'ange » (l. 42), faire preuve de patience [37]. Il

---

36. La similitude entre les deux poètes se remarque également à travers l'anaphore « Laissez-moi » de ce poème d'A. Hébert. Ce verbe à l'impératif fait écho à celui du poème liminaire de *Regards et jeux dans l'espace* : « Mais laissez-moi traverser le torrent sur les roches ».

37. Dans un texte intitulé « Écrire un poème » et figurant dans *Le jour n'a d'égal que la nuit*, le quatrième recueil d'Anne Hébert, on peut lire ceci : « La ferveur ne suffit

faut y consentir «au risque de périr» (l. 32) tout en sachant que l'œuvre sera marquée par une «poignante imperfection» (l. 34), inhérente à la condition humaine. Ainsi, la poésie n'est pas un divertissement. Elle obéit à un appel intérieur, elle «a partie liée avec la vie du poète et s'accomplit à même sa propre substance, comme sa chair et son sang» («Poésie solitude rompue», l. 3 à 5). Cependant, cette aventure intérieure n'est pas mise à l'écart du monde. Loin de se poser en «rival[e] de Dieu» (l. 39), la poète, qui a reçu la «passion du monde» («Mystère de la parole», l. 1) doit en témoigner. La poésie est donc, à la fois, présence à soi et présence au monde, forme d'engagement qui s'exprime clairement dans «Mystère de la parole». Ce poème éponyme du troisième recueil d'Anne Hébert décrit l'accession du «pays tranquille» (l. 1) à la «lumière» (l. 4) et au «feu» (l. 3), métaphores de la «passion du monde» (l. 1). Cette venue au monde est un moment où la «parole se fonde» (l. 26). Au poète, «qui a reçu la fonction de la parole» (l. 38), incombe la tâche, la responsabilité sociale incessante de prêter sa voix à ceux qui sont bannis, les «frères les plus noirs» (l. 35) aux «voix captives» (l. 36), et de célébrer la vie dans son entier — «les vivants et les morts en un seul chant» (l. 40).

La réalité dont le poète a la charge inclut le Québec, terre natale envers laquelle l'engagement d'Anne Hébert se manifeste clairement malgré son départ pour la France. Dans «Poésie solitude rompue», qui date de 1960, elle se montre à la fois critique et confiante. Elle y décèle les «premières voix» (l. 53) authentiques de poètes comme Nelligan et Saint-Denys Garneau, voix qui, à l'époque, «à l'âge des premiers jours du monde» (l. 49) où se situe ce pays, parlent de «malheur et de solitude» (l. 54). Même si ce constat est sombre, Anne Hébert voit poindre l'espoir, car toute parole délivre du désespoir, permet de se

---

pas, il faut la patience quotidienne de celui qui attend et qui cherche, et le silence et l'espoir, sans cesse ranimé, au bord du désespoir, afin que la parole surgisse, intacte et fraîche, juste et vigoureuse. Et alors vient la joie.» (*Œuvre poétique*, p. 97)

tourner vers la vie et vers autrui dans la solidarité. Par ces propos, Anne Hébert se distingue des poètes idéalistes, comme Saint-Denys Garneau, et elle rejoint ceux de l'« âge de la parole [38] » et de la « poésie du pays [39] », sans pour autant inscrire son œuvre dans une quête identitaire et militante.

L'écriture
Le vers libre

Tout comme les poèmes de Saint-Denys Garneau, ceux d'Anne Hébert n'obéissent à aucune des contraintes formelles de la poésie traditionnelle. Les vers libres, généralement courts dans *Les songes en équilibre* (1942), le tout premier recueil, deviennent d'amples versets [40] concentrant la poésie dans le rythme, les jeux de sonorités et les images dans *Mystère de la parole* (1960).

La musicalité des vers
Le rythme

Le rythme est produit par les **anaphores**. Par exemple, par la reprise de l'impératif « Laissez-moi » qui scande les trois dernières strophes de « Tableau de grève » (v. 34, 37, 41 et 42) ; par celle de la conjonction « Lorsque » qui introduit les compléments de phrase dans les sept premiers versets de « Survienne la rose des vents », produisant un effet incantatoire. Ces anaphores se doublent quelquefois d'un **parallélisme** : « Aucune rumeur de vent/Aucune rumeur d'eau » (« Les petites villes », v. 17 et 18).

---

38. Titre d'un recueil de poèmes de Roland Giguère publié en 1965 et qui résume la démarche libératrice de toute une génération de poètes gravitant autour des Éditions de l'Hexagone.

39. Cette appellation renvoie à la poésie engagée des années 1970 qui aspire entre autres à l'indépendance nationale.

40. « Phrase ou suite de phrases rythmées d'une seule respiration, découpées dans un texte poétique à la façon des psaumes. » (*Le Petit Robert*) Dans le choix des versets, on sent l'influence sur Anne Hébert des poètes français Paul Claudel (1868-1955) et Saint-John Perse (1884-1960).

Le rythme se dégage également des **énumérations** que vient conclure, la plupart du temps, un élément les résumant, leur conférant du sens ou les célébrant. Ainsi, la strophe suivante de « La terre » : « Odeurs/Rosée sur les fleurs/Couleurs/Couleur des eaux/Choses qu'on respire/Et choses qu'on mange/Ô terrestres paradis ! » (v. 60 à 67) est formée par une suite de sensations diverses exaltées par l'**hyperbole** finale. Dans « Mystère de la parole », le verset « Fronts bouclés où croupit le silence en toisons musquées, toutes grimaces, vieilles têtes, joues d'enfants, amours, rides, joies, deuils, créatures, créatures, langues de feu au solstice de la terre » (l. 32 à 34) produit un effet d'accumulation et réunit des éléments contrastés au moyen d'**antithèses**, illustrant chez la poète aux « yeux avides » le désir de tout considérer, de tout nommer.

Les **groupes binaires** ou **ternaires** confèrent eux aussi du rythme aux poèmes. Le vers « Mon désir rôde vole et poudre » (« Retourne sur tes pas », v. 23) offre un bon exemple de groupe ternaire doublé d'une **gradation** ascendante contribuant, avec les **allitérations** en « o » et « ou », à l'impression d'une menace qui pointe. Le groupe binaire formé par des **antithèses** que réunit le dernier segment du vers suivant : « Envers, endroit, amour et haine, toute la vie en un seul honneur » (« La sagesse m'a rompu les bras », v. 29) reflète la volonté fréquemment exprimée par la poète de concilier les contraires.

Les sonorités

La musicalité des vers tient également aux jeux des sonorités dont les poèmes d'Anne Hébert offrent de nombreux exemples. Ainsi, dans les vers suivants : « Les rues sont sonores de silence./L'écho du silence est lourd/Plus lourd/Qu'aucune parole de menace ou d'amour ». (« Les petites villes », v. 24 à 27), l'**assonance** en « o » et « ou », voyelles sombres, combinée à l'**allitération** en « s », suggère le caractère sinistre des villes désertées, métaphores de l'enfance perdue.

La syntaxe

Outre les **énumérations** mentionnées ci-dessus, les poèmes d'Anne Hébert présentent souvent des phrases non verbales comme dans les vers suivants, où s'observe également une **épiphore**: « Eau qui chante en nous/Musique de l'eau/Attirance de l'eau/Trahison de l'eau/Enchantement de l'eau » (« L'eau », v. 35 à 39). Celles-ci sont fréquemment précédées du déterminant « tout »: « Toutes voiles dehors » (« Neige », l. 6); « Tout feu, toutes flèches, tout désir au plus vif de la lumière » (« La sagesse m'a rompu les bras », v. 28). Ce « tout » devant un nom, sans déterminant défini ou indéfini, traduit chez la poète le désir de ne rien exclure des réalités qu'elle mentionne. Enfin, des phrases interrogatives concluent certains poèmes, exprimant tantôt l'inquiétude (« L'eau », v. 81 à 84), tantôt l'étonnement devant les signes annonciateurs d'une situation nouvelle: « Quel reflet d'aube s'égare ici/D'où vient donc que cet oiseau frémit/Et tourne vers le matin/Ses prunelles crevées? » (« Le Tombeau des rois », v. 62 à 65)

Le lexique

La poésie d'Anne Hébert se caractérise par son vocabulaire concret où se trouvent représentés la nature, le corps, les objets, les lieux familiers, les gestes quotidiens... Les termes abstraits (« sagesse », « charité », « justice »), plutôt rares et souvent associés à l'immobilisme et à l'absence au monde, sont marqués d'un signe négatif. L'attention de la poète aux réalités concrètes, cet « appel qui vient des choses et des êtres » (« Poésie solitude rompue », l. 9), se traduit par les sensations qu'elles suscitent: sensations visuelles à travers le vocabulaire du regard (« yeux avides », « prunelles », « prunelles liquides », « je regarde », « éblouissement », etc.); sensations olfactives (« odeur sauvagine » de la « jeune accouchée », mais aussi « odeur capiteuse » de la « petite morte » et « parfum [...] empoisonn[ant] » de la « sagesse »); sensations tactiles tantôt agréables et prometteuses d'« enchantement » (« Et je sens dans mes doigts/À la racine de mon poignet/[...]/sourdre un geste » dans « Éveil au seuil d'une fontaine », v. 18 à 22), tantôt horribles comme celle que provoque la « main sèche » des pharaons (« Le tombeau des rois », v. 58). Sensations qui en déclenchent d'autres, formant des synesthésies comme dans le vers suivant : « Des chants de coq trouent la nuit comme des lueurs » (« La sagesse m'a rompu les bras, v. 26). Les versets suivants de « Mystère de la parole » : « Les couleurs et les sons nous visitèrent en masse et par petits groupes foudroyants [...] » (l. 16 et 17) et « Des flèches d'odeurs nous atteignirent » (l. 11) associent d'ailleurs l'avènement d'une vie nouvelle à la sensibilité à la vie d'ici-bas et signent le lien désormais indissoluble du « pays tranquille » (l. 1) avec la terre et la fin de l'absence au monde.

Les images

La présence d'un vocabulaire concret et l'importance accordée aux sensations ne donnent cependant pas lieu à une poésie descriptive et pittoresque : la poète y recherche sa vérité intérieure et celle de tout être humain, quête qui confère aux éléments de la nature une valeur métaphorique. Parmi ces éléments de la nature, l'eau occupe une place de choix. Dès *Les songes en équilibre*, la poète lui consacre un long poème. Elle en énumère les aspects les plus divers et les plus contrastés, y voyant le reflet de l'être humain et leur conférant une valeur symbolique : « Eau, mot limpide,/Fontaine souterraine/Source de notre cœur/Et au bord des cils », écrit-elle dans « L'eau » (v. 65 à 68). Ainsi, l'« eau inconnue », eau claire d'une source, inaugure un état nouveau, promesse d'« enchantement profond » (« Éveil au seuil d'une fontaine », v. 17 et 25). Associée aux « prunelles » (« Il y a certainement quelqu'un », v. 11 et 12, et « La fille maigre », v. 24), l'eau devient métaphore des larmes (« Les grandes fontaines », v. 15) et de la solitude, « Solitude éternelle, solitude de l'eau » (v. 20). Elle s'altère en « eau verte », trouble, à l'image des « songes bizarres et enfantins » (« La fille maigre », v. 26 et 27), pareille au « fiel » de la « vieille femme », allégorie de la sagesse (« La sagesse m'a rompu les bras », v. 3). Trompeuse, elle offre une image déformée de la réalité (« Pêcheurs d'eau », v. 1 à 6). Elle s'étend enfin aux dimensions de la « mer » dans « Survienne la rose des vents » (l. 20), appelant au large et à une vie nouvelle ouverte sur le monde.

La gravité de la poésie d'Anne Hébert se manifeste également à travers les innombrables références aux mythologies anciennes et à la Bible, que la poète revisite, non par ferveur religieuse, mais pour illustrer sa propre démarche et conférer à celle-ci une dimension sacrée. Ainsi, « Le tombeau des rois » rappelle les images du labyrinthe, de ses « dédales » et du « fil d'Ariane » (v. 10 et 9), métaphores de la plongée en soi. L'Égypte ancienne, avec ses « pharaons d'ébène » (v. 46) incarnations de l'autorité, y figure aussi avec ses « tombeaux » (v. 6), leurs offrandes et leurs riches ornements. Quant à la Bible, elle constitue un inépuisable réservoir d'images, celles du récit de la Genèse pour traiter de la création poétique et celle de la « lutte avec l'Ange », dans « Poésie solitude rompue », (l. 45 à 47, 41 et 42). Les références au Nouveau Testament ne manquent pas non plus. Ainsi, la « vigne » et la lapidation (« La sagesse m'a rompu les bras », v. 9, 17 et 18). Ainsi, la parabole du « levain » (« Trop à l'étroit », l. 7), appelant à une vie plus intense, à l'écart du « malheur » associé à la souffrance du Christ au mont des Oliviers par l'expression « à sueur et à sang » (« Trop à l'étroit », l. 5). Enfin, le rappel des paroles du Christ, offrant son corps et son sang, « pain et vin », au cours de la Cène (« Poésie solitude rompue », l. 48) s'applique à la poésie, nourriture terrestre et trait d'union entre les êtres humains.

Outre ces constellations d'images, **comparaisons** et **métaphores** abondent dans la poésie d'Anne Hébert, se concentrant, s'entremêlant souvent dans un même vers comme dans l'exemple suivant de « Mystère de la parole » : « Silence, ni ne bouge, ni ne dit, la parole se fonde, soulève notre cœur, saisit le monde en un seul geste d'orage, nous colle à son aurore comme l'écorce à son fruit. » (l. 26 à 28) Outre les figures de la ressemblance, les figures d'opposition se reconnaissent également dans ces poèmes : les **antithèses**, la plupart résolues par un troisième terme, disent le désir de la poète de concilier les contraires : « [...] les vivants et les morts en un seul chant » (« Mystère de la parole », l. 40) ; et les **oxymores** comme l'« offrande impitoyable » (« Les mains », v. 15) et le « présent redoutable » (« Les petites villes », v. 33) révèlent, quant à eux, son implacable lucidité.

LA RÉCEPTION DE L'ŒUVRE

Anne Hébert est une écrivaine reconnue et estimée tant au Québec et en France que dans plusieurs pays de la francophonie [41]. Cette notoriété s'amorce dès la publication des *Songes en équilibre* (1942), son tout premier recueil, qui attire rapidement l'attention de la critique. On souligne alors la « grâce » et la « fraîcheur », mais aussi la « mièvrerie [42] » de ces « frêles poèmes [43] », allant jusqu'à voir dans le recours au vers libre une « révolte d'"adolescente" [44] ». Plusieurs années plus tard, la poète elle-même s'opposera à la réédition de cette œuvre, la qualifiant de « balbutiement enfantin [45] ». Toutefois, la plupart des critiques, dont la poète Rina Lasnier, ne manquent pas d'y trouver une poésie empreinte de gravité, une poésie qui est « révélation [...] de l'être [46] ».

Quant au *Tombeau des rois* (1953), second recueil d'Anne Hébert, Gilles Marcotte dira qu'il « est accueilli par la critique canadienne et par quelques critiques de France comme un grand événement [47] ». Ce point de vue élogieux et unanime ne varie guère avec les années et, en 2000, Robert Harvey écrit que « [...]

---

41. Pascale Mongeon, « Réception française et québécoise des *Poèmes* d'Anne Hébert en 1960-1961 », *Cahiers Anne Hébert*, n° 5, p. 31.

42. Jacques Blais, *De l'ordre et de l'aventure. La poésie au Québec de 1934 à 1944*, Québec, Les Presses de l'Université Laval, coll. «Vie des lettres québécoises», 1975, p. 254.

43. Gilles Marcotte, *Le temps des poètes*, Montréal, HMH, 1969, p. 37.

44. Jacques Michon, *loc. cit.*, p. 22. Ce critique rapporte les propos d'Albert Pelletier, « Plaisir de lire », *La Revue moderne*, avril 1942, p. 18.

45. *Ibid.*, p. 31.

46. *Ibid.*, p. 23.

47. Gilles Marcotte, *op. cit.*, p. 37.

*Le tombeau des roi*s n'a pas vieilli d'un jour depuis sa parution, il y a près d'un demi-siècle, [qu'il] se classe parmi les œuvres universelles[48] » et qu'il présente une « des écritures les plus riches et les plus complexes de la littérature québécoise[49] ». Cette œuvre majeure inspire, au fil des ans, de nombreuses études[50]. Comme elle coïncide avec une période charnière de l'histoire du Québec, elle donne lieu à des lectures que d'aucuns jugeront réductrices, et dont le point de départ est un article[51] que Jeanne Lapointe signe dans *Cité libre*[52]. En effet, celle-ci voit dans *Le tombeau des rois* une étape dans la « libération progressive de l'être canadien-français[53] », propos qui sont l'amorce d'une interprétation identitaire reliant l'œuvre au contexte sociohistorique du Québec et donnant lieu à des dérives chez bon nombre de critiques. En effet, certains verront, dans la figure de « l'auteur du songe » et dans celle des « sept pharaons d'ébène » (« Le tombeau des rois », v. 15 et 46), par exemple, les élites religieuses et politiques responsables de l'aliénation du peuple québécois. Ce point de vue sera conforté à la publication de *Mystère de la parole* (1960) où la poète, sans toutefois souscrire à l'interprétation sociohistorique du recueil, dit : « Notre pays est à l'âge des premiers jours du monde. La vie ici est à découvrir et à nommer » (« Poésie solitude rompue », l. 50). Parallèlement à cette lecture émergent des voix qui s'intéressent au texte lui-même, à son écriture. C'est le cas du poète français Pierre Emmanuel, auteur de la présentation du *Tombeau des rois*, qui souligne le style dépouillé et concis de ces poèmes « [r]éduit[s] à l'essentiel […], comme tracés dans l'os par

---

48. Robert Harvey, *op. cit.*, p. 135.
49. Robert Harvey, « Anne Hébert et la critique », *Cahiers Anne Hébert*, n° 4, p. 49.
50. La bibliographie de la présente anthologie n'en donne qu'une infime idée.
51. Jeanne Lapointe, « Quelques apports positifs de notre littérature d'imagination », *Cité libre*, octobre 1954, p. 17 à 36.
52. Revue fondée par Pierre-Elliott Trudeau et Gérard Pelletier en 1950. « Revue catholique libérale d'action sociale et antinationaliste » (Michel Laurin, *Anthologie de la littérature québécoise*, Anjou, CEC, 3ᵉ édition, 2007, p. 88).
53. Jacques Michon, *op. cit.*, p. 27.

la pointe d'un poignard[54] ». C'est le cas également de Robert Harvey qui dénonce l'interprétation identitaire — contre laquelle la poète elle-même s'est élevée — et qui propose, dans une étude substantielle du recueil[55], une lecture centrée sur l'œuvre et sur tous ses éléments reliés sans la « subordonne[r] à des enjeux idéologiques, qu'ils soient historiques, politiques, religieux ou autres[56] ». Loin de tomber dans cet écueil réducteur de l'œuvre, André Brochu note néanmoins que les recueils de poèmes d'Anne Hébert tracent une évolution parallèle à celle du Québec de la seconde moitié du XXe siècle : incursion dans l'intériorité qui va miner le « cadre idéologique rigide » d'avant la Révolution tranquille ; « ouverture au monde » et appel à l'édification du pays, non pas à la manière des « "poètes du pays" de la génération de l'Hexagone[57] », mais qui « s'énonce en termes universels » ; et, dans les deux derniers recueils[58] de la poète, représentation des « temps sombres d'aujourd'hui[59] ». Cependant, loin de s'en tenir à ces considérations, ce critique met en relief les traits majeurs de l'œuvre d'Anne Hébert : le « dévoilement de l'essentiel, qui est associé à la dimension de l'intériorité, du secret », et la mise au jour de la « vérité de l'humain », dans ce qu'il a de plus concret, de plus charnel, qui ne verse jamais dans la spiritualité, ce que le critique nomme le « matérialisme » ou l'« immanence », signe de la modernité de la poète.

Anne Hébert a légué « une œuvre dont on n'a pas encore découvert tous les secrets[60] », secrets à la recherche desquels se consacrent, entre autres, le centre Anne-Hébert et *Les Cahiers Anne Hébert*.

---

54. Anne Hébert, *Œuvre poétique (1950-1990)*, Montréal, Boréal Compact, 1993, p. 11.
55. Robert Harvey, *op. cit.*, 344 p.
56. *Id.*, « Réception et récupération du *Tombeau des rois* », *Les Cahiers Anne Hébert*, no 4, p. 63.
57. Maison d'édition fondée en 1953 par Gaston Miron et d'autres poètes.
58. *Le jour n'a d'égal que la nuit* (1992) et *Poèmes pour la main gauche* (1997).
59. André Brochu, *op. cit.*, p. 233-234.
60. Jean Royer, *Introduction à la poésie québécoise. Les poètes et les œuvres des origines à nos jours*. Montréal, Bibliothèque québécoise, 1989, p. 54.

LES POÈMES EN QUESTIONS

LES POÈMES D'ÉMILE NELLIGAN

L'ÂME DU POÈTE

« Clair de lune intellectuel »

1. Décrivez la forme de ce poème : strophes, mesure des vers, disposition et qualité des rimes, reprise de certains vers.

2. Pourquoi le titre de ce poème surprend-il ?

3. Cherchez le sujet des verbes de ce rondel pour en préciser le thème principal.

4. À partir des temps verbaux, distinguez les trois parties de ce poème.

5. Dans la première strophe, le poète décrit sa pensée à l'aide de deux métaphores qui associent celle-ci à la luminosité de deux lieux différents. Distinguez ces lieux et montrez qu'ils s'opposent.

6. Observez la deuxième strophe :
   a) Les deux premiers vers décrivent la pensée du poète dans le passé. De quoi s'y est-elle nourrie : de réflexions ou de sensations ? Soulignez les synesthésies, le cas échéant.
   b) Quelle est la valeur symbolique du « jardin » et de la « fontaine » ?
   c) Quel effet produit, dans cette deuxième strophe, la reprise des deux premiers vers du poème ?

7. Observez la troisième strophe :
   a) Relevez les termes qui forment le champ lexical du mouvement. S'agit-il d'un mouvement vertical ou d'un mouvement horizontal ?

    b) Repérez des termes qui confirment le désir d'élévation du poète.

    c) Quel vers mentionne ce que le poète rejette ? Commentez.

8. Comparez le premier vers et le monostique : quelle différence y notez-vous ?

9. Quel message Nelligan nous livre-t-il dans ce poème ?

10. Repérez les sonorités dominantes dans ce poème.

11. En quoi ce poème est-il symboliste ?

« Mon âme »

1. Quelle particularité la forme de ce poème présente-t-elle ?

2. Ces différences formelles reflètent-elles la structure de ce poème ?

3. Repérez les comparaisons et les métaphores par lesquelles le poète dépeint son âme et expliquez-les.

4. Montrez, à travers le champ lexical de la religion, l'importance de celle-ci pour le poète.

5. Quelle vision du monde se dégage de ce poème ?

6. Quel dilemme accentue la souffrance du poète dans ce monde ?

« Le Vaisseau d'Or »

1. Décrivez la forme du poème et dégagez-en la structure.

2. Montrez que le titre de ce sonnet nous situe d'emblée dans l'univers du symbole.

3. Observez les quatrains :

    a) Le premier quatrain décrit le « Vaisseau d'Or », représentation du poète. À quels temps sont conjugués les verbes de cette strophe ? Commentez.

    b) Dégagez les traits de Nelligan qui se révèlent à travers les éléments de la première strophe.

    c) Repérez une référence à la mythologie grecque et expliquez-en le sens symbolique en consultant un dictionnaire des symboles.

    d) Trouvez dans ce quatrain les mots qui sont pris au sens propre et au sens figuré.

e) Justifiez l'emploi de la conjonction « Mais » (v. 5) en repérant les oppositions entre les deux quatrains.

4. Observez le premier tercet :
   a) Comparez le neuvième vers avec le tout premier du sonnet.
   b) Quel mot précis résume ici le propos de la première strophe ?
   c) Expliquez l'expression « marins profanes ». Qui personnifient-ils ?

5. Observez le second tercet :
   a) Observez et commentez la ponctuation de ce second tercet.
   b) Quel vers précise le symbole du vaisseau ?
   c) Commentez l'expression « navire déserté ».
   d) Expliquez le mot « Rêve » qui clôt ce poème.

Le jardin de l'enfance
« Devant mon berceau »

1. Délimitez les deux parties qui composent « Devant mon berceau ».

2. Observez la première partie :
   a) Qu'est-ce qui caractérise le lieu décrit dans la première strophe ?
   b) Observez les mots du quatrième vers : comment le poète présente-t-il le souvenir qu'il conserve de son enfance ?
   c) Quels sentiments ce souvenir éveille-t-il chez le poète ?

3. Observez la deuxième partie du poème :
   a) Par quels procédés linguistiques Nelligan exprime-t-il son sentiment de regret ?
   b) Quelle perception le poète a-t-il de l'existence pour souhaiter à ce point la mort ? Quelles expressions illustrent cette perception ?
   c) Dans les deux derniers vers, relevez et expliquez les trois procédés suivants : une inversion du sujet, une antithèse, une métaphore.
   d) Quel effet produit la reprise du verbe « pencher » à la fin de chacune des deux parties du poème ?

e) Pourquoi peut-on dire que ce souvenir est à la fois beau et pathétique ?

« Devant le feu »

Voir la section « Vers la dissertation critique », p. 278.

« Ma mère »

1. Décrivez la forme de ce poème.
2. Ce poème se divise en deux parties : les trois premiers distiques forment la première partie et le quatrième, la deuxième partie. Justifiez cette division.
3. Observez la première partie :
   a) Expliquez la comparaison de la première strophe.
   b) Expliquez la métaphore de la deuxième strophe. Quel est le sens contextuel du verbe « baiser » ici ?
   c) Expliquez la métaphore de la troisième strophe et commentez l'énumération du vers 6.
4. Observez la deuxième partie :
   a) Le dernier distique décrit l'hommage rendu par Nelligan à sa mère. Expliquez la métaphore religieuse par laquelle s'exprime cet hommage.
   b) Expliquez l'antithèse du tout dernier vers.

« Devant deux portraits de ma mère »

1. La première partie de ce sonnet est formée des deux quatrains. Que décrit chacune de ces deux strophes ?
2. Observez le premier quatrain :
   a) Décrivez la structure de la phrase du tout premier vers.
   b) De quelle période de la vie de la mère date le portrait ancien ? Comment le poète présente-t-il cette période ?
   c) Quels traits du portrait ancien retiennent l'attention du poète ? Par quelle métaphore et quelle comparaison les présente-t-il ?
3. Le deuxième quatrain décrit le portrait récent de la mère.
   a) Quel adverbe signale le changement définitif qu'a subi la mère ?

    b) Expliquez la métaphore du « beau marbre frontal ».

4. Observez les tercets :

    a) Repérez dans le premier tercet des antithèses doublées de métaphores par lesquelles il compare les deux portraits.

    b) Montrez que ces deux vers forment un chiasme. Commentez.

5. Découvrez les deux thèmes qui s'entrelacent dans ce poème, thèmes qui en font un poème romantique à tonalité lyrique.

« Le jardin d'antan »

Voir la section « Vers la dissertation critique », p. 277.

« Ruines »

1. De combien de parties ce sonnet est-il composé ? Précisez le propos de chaque partie.

2. Observez les quatrains :

    a) Regroupez les verbes du premier quatrain indiquant que le souvenir ne se précise que graduellement. Quelle valeur temporelle ont ces verbes ici ? Commentez.

    b) Trouvez et expliquez la métaphore du quatrième vers.

    c) Qualifiez l'atmosphère de la scène que le poète revit.

3. Observez les tercets :

    a) Quel mot du premier tercet résume l'atmosphère dans laquelle baigne le souvenir de l'enfance retrouvée ? Cherchez-en la définition.

    b) Quel sentiment exprime l'interjection qui ouvre ce premier tercet ?

    c) Par quels termes appréciatifs le passé est-il désigné ?

    d) Aux vers 9 et 10, par quel procédé le poète affirme-t-il que l'enfance est définitivement perdue ?

    e) Pourquoi peut-on dire que les métaphores des « radieux flambeaux » et des « flammes chimériques », empruntées toutes deux à l'élément feu, forment une antithèse ?

f) Le dernier tercet entrelace deux métaphores qui sont filées à partir du titre même du poème. Repérez les mots qui forment ces deux métaphores et expliquez-les.

4. Quel est le thème dominant de ce poème ? Et quel en est le propos ?

AMOURS D'ÉLITE
« Rêve d'artiste »

1. Montrez que Nelligan confère à cette « sœur » qu'il recherche des attributs célestes.
2. Quelles sont les autres qualités morales de cet être exceptionnel ?
3. De quelle manière le poète entend-il exprimer sa reconnaissance envers cette femme ? Par quelles métaphores ?

« Placet »

1. Ce texte est un rondel, poème à forme fixe. Décrivez-le afin d'en trouver les traits caractéristiques (nombre de strophes, longueur de celles-ci, mesure des vers, disposition des rimes, reprise de certains vers).
2. De combien de parties le poème se compose-t-il ?
3. Que signifie le mot « placet » ?
4. Ce rondel ramène le lecteur au Moyen Âge et fait penser à un poème courtois. Justifiez cette affirmation.
5. Montrez que le poète joue sur le mot « lames » (v. 2), et que ce mot inaugure la métaphore filée de la mer dans tout le poème.
6. Trouvez une deuxième métaphore filée. Expliquez-la.
7. Montrez la synesthésie à l'œuvre dans ce poème.
8. Expliquez les vers 11 et 12.
9. À quel autre célèbre sonnet de Nelligan ces deux vers vous font-ils penser ?

« Châteaux en Espagne »

1. Expliquez le titre de ce sonnet.

2. Divisez ce sonnet en deux parties et justifiez votre division.
3. En étudiant le vocabulaire de ce sonnet, montrez que Nelligan fait allusion à des faits historiques qui se sont produits à différentes époques.
4. Que révèle le caractère hétéroclite de ces allusions ?
5. Montrez que tout le poème est traversé par une métaphore filée de la conquête militaire.
6. Observez la première partie :
   a) Chacun des deux quatrains commence par une comparaison. Peut-on dire que de l'une à l'autre se dessine un mouvement ascensionnel ?
   b) Repérez d'autres mots qui connotent aussi l'élévation.
   c) Quelle conclusion tirez-vous du croisement des deux métaphores filées : celle de la conquête militaire et celle de l'élévation ?
   d) Quelle est la tonalité dominante des deux quatrains ?
7. Observez les deux tercets :
   a) En quoi les tercets s'opposent-ils aux quatrains ?
   b) À quelles difficultés se heurte la réalisation de son rêve ? Par quels procédés d'écriture le poète présente-t-il ces difficultés dans chacun des tercets ?
   c) La tonalité épique continue-t-elle à dominer dans les deux tercets ? Justifiez votre réponse.
8. Comment le mythe d'Icare illustre-t-il les deux phases par lesquelles passe le poète ?
9. À quels courants français du XIXᵉ siècle se rattache ce poème ?

« Beauté cruelle »
   Voir la section « Vers la dissertation critique », p. 282.

LES PIEDS SUR LES CHENETS
« Soir d'hiver »
1. Énumérez les procédés (répétitions, jeux des sonorités) qui confèrent à ce poème une grande musicalité.

2. Énumérez les moyens (ponctuation, mode verbal) qui confèrent au texte une grande expressivité. Déterminez ensuite la tonalité dominante de ce poème.

3. Observez la première strophe :
   a) Quelle liberté syntaxique le poète se permet-il aux vers 1, 3, 16 et 18 ? Quel effet cela produit-il ?
   b) Montrez comment le poète établit une correspondance entre cette abondance de neige et son état d'âme.
   c) Tentez une explication du deuxième vers.

4. Observez la deuxième strophe :
   a) Montrez la correspondance que le poète établit entre le paysage et son état d'âme.
   b) Quelle est la couleur dominante dans cette strophe ? Fait-elle contraste avec celle de la première strophe ?

5. Observez la troisième strophe :
   a) Quel contraste la troisième strophe forme-t-elle avec le reste du poème ?
   b) Que pourraient symboliser les « oiseaux de février » ?
   c) Que leur demande Nelligan ?

6. La quatrième strophe reprend la première à une différence près. Repérez cette différence et commentez-la.

« Hiver sentimental »

1. Ce sonnet est composé de trois parties : dans chacune d'elles, le poète s'adresse à un interlocuteur différent au moyen d'une apostrophe. Trouvez ces trois apostrophes et délimitez les parties du texte.

2. Observez la première partie :
   a) Le premier vers du poème révèle deux traits de Nelligan. Précisez lesquels et déterminez les procédés stylistiques.
   b) Par quels procédés Nelligan exprime-t-il ici son refus du monde extérieur ?
   c) Quel paysage se présente à travers la vitre ?
   d) Expliquez l'oxymore du vers 4.

3. Observez la deuxième partie :

  a) Commentez la comparaison qui commence la deuxième strophe.

  b) Le poète s'adresse ici à la femme aimée pour lui proposer un choix crucial, mais qu'il juge bénéfique. Quel est ce choix ?

  c) Quel effet produisent les deux références à l'Antiquité grecque ?

  d) Après les références à l'Antiquité grecque, quelle allusion à la mythologie grecque peut-on voir au vers 7 ? Justifiez votre réponse.

4. Observez la troisième partie :

  a) Quels mots de cette dernière partie se rapprochent du mot «rancœurs» (v. 6) et décrivent le mal de vivre du poète ?

  b) Le poète aspire à la mort au point qu'il imagine l'atmosphère dans laquelle il voudrait qu'elle survienne. Décrivez cette atmosphère à partir du champ lexical prédominant dans ce tercet.

  c) Trouvez le sens mythologique du mot «tartare». En quoi ce mot fait-il écho au mot «Érèbes» (v. 8) ?

5. Résumez le propos du poème.

« Mazurka »

1. Le titre du poème met le lecteur sur la piste du thème principal qui y est développé. Dressez le champ lexical de ce thème.

2. Cette musique trouve un écho chez Nelligan. Dressez le champ lexical qui décrit l'état d'âme du poète. Commentez.

3. Dans les quatrains, Nelligan exprime son appréciation de la musique de Chopin.

  a) Observez le choix des mots et la structure de la phrase par lesquels le poète décrit cette appréciation.

  b) Quels vers de ces deux quatrains décrivent l'effet de la musique sur le poète ? Quel procédé relatif au rythme des vers y observez-vous ?

4. Les tercets montrent que la musique est pour Nelligan le moyen de contrer son mal de vivre.

a) Ils commencent par une apostrophe qui est en même temps une métaphore. Repérez celle-ci et expliquez-la.

b) Quel est l'effet de la tristesse sur le poète ? Par quels procédés stylistiques du vers 10 Nelligan décrit-il l'emprise de celle-ci sur son esprit ?

c) Quelle demande le poète adresse-t-il au « gouffre intellectuel » ? En quoi est-elle surprenante ?

d) Qu'est-ce qui permettrait à Nelligan d'échapper à sa souffrance ?

e) Quels mots du dernier tercet caractérisent cette musique ?

Virgiliennes
« Rêve de Watteau »

1. Ce sonnet présente deux groupes distincts de personnages. Distinguez-les.

2. Nelligan dépeint ici une scène de la vie pastorale. Dressez le champ lexical qui le prouve.

3. Sur cet arrière-plan pastoral surviennent des écoliers. Par quelles sensations auditives, quelles métaphores et quelles hyperboles se manifeste leur amour de la nature ?

4. Nelligan est-il un simple témoin de cette scène ?

5. À quel mode et à quel temps sont conjugués les verbes de ce poème ? Précisez la valeur de ce temps verbal.

6. À la différence de la plupart des sonnets, « Rêve de Watteau » présente une continuité entre les quatrains et les tercets. Par quel procédé audacieux Nelligan établit-il celle-ci ?

7. Trouvez deux références culturelles dans ce sonnet et tentez de les expliquer en consultant un dictionnaire de noms propres ou un dictionnaire de mythologie.

« Jardin sentimental »

1. Décrivez la forme de ce poème.

2. À partir de l'observation du décor du jardin, montrez que ce poème se divise en deux parties égales.

3. Le poète se trouve-t-il tout seul dans ce jardin? Observez l'emploi de déterminants possessifs et des pronoms personnels et commentez.

4. Quelle valeur possède l'imparfait de l'indicatif employé tout au long de ce poème?

5. Étudiez la métaphore et la comparaison de la deuxième strophe et montrez qu'elles forment des antithèses. Quel commentaire vous suggèrent-elles?

6. Montrez, au moyen des oppositions contenues dans la troisième strophe, que la promenade au jardin donne néanmoins lieu à la métamorphose du poète et de son âme sœur. À quoi le poète aspire-t-il?

7. Après la contemplation du ciel, Nelligan décrit les lieux de ses promenades nocturnes. Qu'est-ce qui caractérise ces lieux? Montrez que leur évocation donne lieu à une synesthésie.

8. Relevez et commentez une allitération dans la quatrième strophe.

9. Quelles autres sensations sonores le poète éprouve-t-il au cours de sa promenade nocturne?

10. Montrez que, dans la sixième et dernière strophe, le poète exprime la même aspiration que dans la troisième. Repérez les expressions qui se font écho tout en opérant une progression.

11. Définissez le mot « scarabée » et, à l'aide d'un dictionnaire des symboles, commentez-en la présence au deuxième vers.

« Violon de villanelle »

1. Décrivez la forme de ce poème.

2. Dans quel vers de la première strophe notez-vous une diérèse?

3. Notez les deux définitions que *Le Petit Robert* donne du mot « villanelle » et montrez que le poème de Nelligan les illustre toutes les deux.

4. Cherchez l'étymologie du mot « villanelle ».

5. Quels mots du poème montrent qu'il s'agit d'une invitation?

6. Commentez les allitérations contenues dans le titre.

7. Expliquez le sens du mot « chef » au deuxième vers.

8. Repérez une antithèse. Que révèle-t-elle du poète ?

9. Quelle expression de la dernière strophe rappelle le « clair de lune » du début du poème ?

10. Quel détail permet d'ancrer cette villanelle dans la tradition rurale québécoise ?

EAUX-FORTES FUNÉRAIRES
« Les corbeaux »

1. Faites le plan de ce sonnet.

2. Cherchez les mots abstraits[1] par lesquels le poète désigne son état psychologique.

3. Établissez la correspondance entre ces mots abstraits et les corbeaux.

4. Dégagez les traits des corbeaux. Que révèlent-ils du poète ?

5. Cherchez la signification symbolique du corbeau. Coïncide-t-elle avec ce qu'en dit le poète ?

6. Montrez que la tonalité réaliste prédomine dans la deuxième strophe et dans le deuxième tercet.

« Banquet macabre »

1. Dressez deux champs lexicaux inaugurés par le tout premier vers du poème. Commentez-les.

2. Quel effet produisent le vin et le rire au vers 4 ?

3. Cherchez qui est ce Riquet-à-la-Houppe mentionné au vers 5. Lisez le sonnet intitulé « Beauté cruelle » pour commenter la mention de ce personnage ici.

4. Dressez le champ lexical du macabre puis celui de la joie.

5. Qu'est-ce qui permet l'apparition du macabre ?

6. En quoi ce macabre devient-il profanation ?

7. Pourquoi le poète invite-t-il à de tels écarts de conduite ?

---

1. Suzanne-G. Chartrand *et al.*, *Grammaire pédagogique du français d'aujourd'hui*, Boucherville, 1999, p. 125 : Les noms qui possèdent le « trait abstrait [...] » désignent des réalités qu'on ne peut percevoir par les sens ».

8. Quel rapprochement pouvez-vous faire entre ce poème et « La romance du vin » (p. 38) ?

9. Que nous révèle ce sonnet sur la condition des poètes ?

PETITE CHAPELLE
« Notre-Dame-des-Neiges »

1. Précisez les étapes du court récit que constitue ce poème.

2. À quelle période de l'histoire du Canada le poète nous ramène-t-il ?

3. Quel mot de la première strophe détonne dans ce contexte chrétien ? Justifiez son emploi.

4. Trouvez une périphrase dans la deuxième strophe et une autre dans la troisième. Expliquez-les.

5. Par quel mot de la troisième strophe le poète désigne-t-il sa démarche auprès de la Vierge ? Expliquez ce mot.

6. Cherchez dans le poème les attributs de la Vierge qui forment une antithèse avec le froid, la neige et le givre qui caractérisent Ville-Marie.

7. Si la portée politique de ce poème est évidente, quelle autre interprétation reliée à la vie du poète peut-on tenter ?

PASTELS ET PORCELAINES
« Paysage fauve »

1. De combien de parties ce sonnet est-il composé ? Justifiez votre réponse.

2. À quel temps verbal sont conjugués les verbes de ce sonnet ? Quelle valeur ce temps a-t-il dans ce contexte ?

3. Repérez et commentez les figures de style à l'aide desquelles le poète décrit les arbres.

4. Montrez que la deuxième strophe est bâtie sur deux contrastes.

5. Par quels moyens stylistiques le poète annonce-t-il l'apparition des loups ? Quel effet produisent ces moyens ?

6. Trouvez les deux champs lexicaux qui rendent cette apparition saisissante.

7. Quel contraste similaire à celui de la deuxième strophe apparaît à la toute fin du sonnet ?

8. Montrez qu'à travers les éléments de ce paysage domine l'idée de lutte.

« Potiche »

1. Décrivez la forme de ce poème.

2. Délimitez les deux parties de ce poème et précisez le propos de chacune.

3. À l'aide d'un dictionnaire, expliquez qui sont le Sphinx et Isis.

4. La deuxième partie du poème constitue une introspection inspirée par la contemplation du « vase d'Égypte ».

a) Nelligan remplace le mot « vase » par le mot « potiche ». Commentez ce changement.

b) De quoi le vase, devenu « potiche », est-il la métaphore ?

c) De quoi les détails qui ornent le vase sont-ils la métaphore ?

d) Quelles ressemblances ou quelles différences Nelligan établit-il entre les détails qui ornent le vase égyptien et ceux du potiche ? Commentez.

e) Qu'espère le poète pour mettre fin à sa souffrance ? Observez et commentez le vers 12.

VÊPRES TRAGIQUES
« Marches funèbres »

1. Observez la première strophe :

a) Repérez-y les termes qui appartiennent au champ lexical de la musique.

b) Quel effet cette musique a-t-elle sur le poète dans cette strophe ?

c) Observez les sonorités dominantes dans cette première strophe et commentez-les.

2. Commentez le choix des verbes d'audition et leur place dans l'ensemble du poème.

3. Montrez que l'effet des « marches funèbres » sur le poète s'accentue et s'aggrave dans les strophes suivantes.

4. Observez les sonorités des vers 9 et 10.
5. Commentez le passage du verbe « clamer » (v. 2 et 8) au verbe « geindre » (v. 13).
6. Résumez le propos du poème.

Tristia
« Le lac »

1. Divisez ce poème en deux parties et justifiez cette division.
2. Observez la narration contenue dans les trois premières strophes :
   a) Qui est le narrateur et à qui s'adresse-t-il ?
   b) Montrez, par l'étude du vocabulaire des deux premiers vers, que c'est à une commémoration qu'il se livre.
   c) Relevez et commentez les termes qui caractérisent les victimes du naufrage.
   d) Repérez, dans les trois premières strophes du poème, les mots du champ lexical du lac.
   e) À l'aide d'une personnification, d'un oxymore et d'une métaphore, expliquez la réaction du lac à la mort des amants.
   f) Quels sont les autres éléments de la nature mentionnés dans ce court récit ? Dressez-en le champ lexical. Quels mots du vers 5 les regroupent ?
   g) Montrez les réactions de ces éléments à l'aide des personnifications de la deuxième strophe.
   h) Observez le jeu des sonorités au vers 5 et montrez comment il appuie le propos du poète dans la deuxième strophe.
   i) Par quels moyens, autres que le jeu des sonorités, le poète transmet-il ses émotions dans ce vers 5 ?
   j) La troisième strophe du poème vient clore le récit. Par quels procédés le poème confirme-t-il la disparition définitive des amants dans la troisième strophe ?
3. Observez la deuxième partie du poème.
   a) La dernière strophe montre que le court récit de la première partie du poème est une allégorie (voir p. 153). Trouvez les termes abstraits de cette dernière strophe.

b) Relevez et expliquez les métaphores des vers 13 et 14 en lien avec la fin du tout premier vers du poème.

c) Quelles images concrètes représentent les autres réalités abstraites? Justifiez vos réponses par des indices tirés du texte.

4. Quelle vision du monde ce poème propose-t-il?

« La passante »

1. Donnez la définition du mot « passante ». Commentez l'emploi du déterminant défini plutôt que du déterminant indéfini « une ».

2. Divisez ce sonnet en deux parties et décrivez-les.

3. Observez la première partie:

a) Que connote le choix de la figure de la passante comme représentation de la jeunesse du poète?

b) Le vers 9 invite à relire les quatrains pour décoder, derrière les traits de la passante, ceux du poète en pleine jeunesse. Dégagez ces traits.

c) Montrez que le poète se révèle aussi par le regard qu'il porte sur cette passante.

4. Observez la deuxième partie:

a) Le poète se projette ici dans l'avenir: en quoi son sort sera-t-il pire que celui de la passante? Par quels procédés exprime-t-il sa peine?

b) Montrez que, dans cette partie, le passage de la jeunesse ne conduit pas à la vie adulte mais directement à la mort.

c) Commentez le rythme du vers 11.

5. À quel courant littéraire ce poème se rattache-t-il?

6. Dégagez une différence majeure entre ce sonnet et celui de Baudelaire intitulé « À une passante ».

« La romance du vin »

Voir la section « Vers la dissertation critique », p. 279.

Pièces retrouvées
« À une femme détestée »

1. Montrez le contraste entre l'apparence physique et les traits moraux de la femme à laquelle le poète s'adresse. Vérifiez, en passant, le sens du mot « Séraphins » (v. 3) dans ce contexte.
2. Quel détail de la deuxième strophe signale que l'attitude de cette femme est doublement cruelle ?
3. Tentez de déchiffrer ce que peut sous-entendre le vers 9.
4. Le poète se réjouit-il d'éprouver de la haine envers cette femme ?

« Un poète »

Voir la section « Vers la dissertation critique », p. 289.

Poèmes posthumes
« Je veux m'éluder »

1. Décrivez la forme générale du poème. Observez également les rimes : qu'ont-elles de particulier ?
2. Les quatrains expriment la volonté du poète de devenir fou.
   a) De quelle manière le poète exprime-t-il sa volonté ?
   b) Repérez et expliquez les mots du champ lexical de l'aliénation que le poète recherche.
   c) Quelles expressions montrent que le poète adopte une attitude excessive pour parvenir à cet état d'aliénation ?
   d) Quelle personnification macabre illustre cette partie de soi que le poète veut fuir ?
3. Les tercets décrivent le résultat des efforts du poète.
   a) Commentez la comparaison qui commence le premier tercet.
   b) Expliquez le vers 14 où le poète révèle la source de sa souffrance.
   c) Montrez que l'attitude du poète à l'égard de ces gens est contradictoire, qu'elle alterne entre lucidité et folie. Trouvez les indices de lucidité.
   d) Trouvez les indices de folie.

4. Résumez le propos de ce poème.

« Le spectre »

1. Ce poème se présente comme un court récit : quelles en sont les étapes successives ?
2. Montrez que si le spectre est un être imaginaire, le poème ne le situe pas dans un univers imaginaire mais bien dans le décor familier du poète.
3. Quels éléments de ce poème sont propres à susciter la peur ?
4. Que représente ce spectre effrayant ?
5. Quels mots signalent la puissante emprise du spectre sur le poète ?
6. Tentez une explication du vers qui est repris à la fin de chaque strophe.

LES POÈMES D'HECTOR DE SAINT-DENYS GARNEAU
REGARDS ET JEUX DANS L'ESPACE
Jeu

« C'est là sans appui »

1. Ce court poème est composé de deux strophes qui le divisent en deux parties opposées. Trouvez le champ lexical dominant dans chacune d'elles et expliquez quel effet chacun crée.
2. Quels symboles viennent confirmer l'opposition entre ces deux parties?
3. Que signale l'emploi du démonstratif « cette » au premier vers?
4. À qui s'adresse le poète par l'impératif « Laissez-moi »?
5. Quelles expressions décrivent l'état du poète dans chacune des deux situations?
6. Observez les sonorités des vers 3 et 4. En quoi épousent-elles le sens de ces vers?
7. Montrez qu'il y a à la fois similitude et opposition entre les vers 3 et 7.
8. Expliquez les vers 5 et 6.
9. Dans ce poème liminaire, que nous révèle Saint-Denys Garneau sur sa conception de la poésie?
10. Nommez deux personnages importants des romans du terroir qui tiendraient le même discours que Garneau.

« Le jeu »

1. Ce poème est composé de 10 strophes d'inégales longueurs. Repérez-en les parties et résumez-les.
2. Deuxième partie : la créativité de l'enfant.
   a) Dressez le champ lexical des objets avec lesquels l'enfant joue et du lieu où il se trouve.
   b) Dressez le champ lexical de l'univers créé à partir de ces objets.

   c) Quelle figure de style reconnaissez-vous dans la deuxième strophe? Commentez.

   d) Montrez que le jeu procure à l'enfant un sentiment de puissance.

   e) Montrez cependant que l'imagination de l'enfant s'accompagne de réflexion et de sens critique.

3. Troisième partie: l'exaltation de la créativité.

   a) Par quels moyens le vers 20 exprime-t-il l'exaltation du poète devant le jeu de l'enfant?

   b) Quelles expressions montrent que l'univers ludique recèle une part d'imprévisible et de mystère?

   c) Quels vers de cette partie font écho aux premiers mots du poème: «Ne me dérangez pas»?

4. Quatrième partie: l'analogie entre le jeu de l'enfant et la création poétique.

   a) Quel indice grammatical permet de relier le vers 25 au tout premier vers de ce poème?

   b) Quelle conception de la poésie se dégage de la sixième strophe? Justifiez votre réponse.

   c) Quel effet produit ce travail de création sur le poète?

   d) En quoi les sixième et septième strophes s'opposent-elles? De quoi l'«étoile» peut-elle être la métaphore?

5. Cinquième partie: la perception que ses contemporains ont du poète.

   a) Pourquoi le poète revient-il à l'emploi de la troisième personne du singulier?

   b) Quelle perception ses contemporains ont-ils du poète d'abord et de sa poésie ensuite?

6. Sixième partie: la nécessité de nuancer cette perception.

   a) Expliquez l'expression «de l'autre monde» (v. 48).

   b) Pourquoi la perception que ses contemporains ont du poète est-elle superficielle?

7. Montrez, en décrivant la forme de ce poème, que le poète n'a «pas deux sous de respect pour l'ordre établi» et qu'il se met en marge de la poésie traditionnelle.

« Nous ne sommes pas »

1. Ce poème développe le thème du regard. Quels mots l'indiquent ?
2. Le poète insiste sur le regard de l'enfant.
   a) Relevez les métaphores qui caractérisent le regard de l'enfant. Que révèlent-elles ?
   b) Quelle expression des vers 3 et 5 annonce déjà ce trait ?
   c) Quels autres traits caractérisent ce regard ?
3. Pourquoi le symbole choisi par le poète pour développer son thème est-il pertinent ?
4. Par quels moyens le poète valorise-t-il l'attitude de l'enfant ?
5. Peut-on avancer que le regard de l'enfant est celui du poète ?

« Rivière de mes yeux »

1. Saint-Denys Garneau délaisse ici son style dépouillé et crée un poème riche en figures de style. Repérez celles-ci et nommez-les. Peut-on dire qu'elles confèrent à ce poème une grande unité ?
2. Relevez et commentez le champ lexical du regard. Quels liens pouvez-vous établir avec le poème précédent ?
3. À quel moment de la journée le poète se trouve-t-il ?
4. En observant les images empruntées à l'eau, dites ce qui caractérise ce regard.
5. Analysez et commentez la comparaison qui clôt le poème.
6. Montrez que la tonalité lyrique prédomine dans ce poème.
7. Observez la longueur et le rythme des deux premiers vers.

ENFANTS
« Les enfants »

1. Observez la longueur des vers et les rimes de ce poème. Peut-on parler ici d'une certaine régularité de la forme ?
2. Dressez le portrait des enfants à partir de deux champs lexicaux. Quel rapport ces enfants établissent-ils avec les adultes ?
3. Où se trouve le poète par rapport aux enfants ? Est-il le seul adulte ? Quelle est son attitude envers eux ?

4. Deux groupes se détachent de l'ensemble des enfants. Qu'est-ce qui caractérise chacun d'eux? Vers quel groupe va la sympathie du poète?

5. Expliquez la dernière strophe. À quel mot le pronom «il» renvoie-t-il? Quel sens le mot «fusée» a-t-il dans ce contexte?

6. Résumez les traits qui caractérisent ces enfants.

«Portrait»

1. Repérez et expliquez les métaphores choisies par le poète pour représenter l'enfant.

2. Pourquoi peut-on dire que l'attitude de l'enfant envers l'adulte est contradictoire?

3. Quelle attitude l'adulte adopte-t-il envers l'enfant?

4. Qu'est-ce qui surprend dans l'ordre d'apparition des verbes à la deuxième strophe?

5. Pourquoi le titre de ce poème est-il paradoxal?

6. Décrivez la forme de ce poème et en particulier la longueur des vers et des strophes. Peut-on dire qu'elle en épouse le propos?

ESQUISSES EN PLEIN AIR
«L'aquarelle»

1. Commentez l'emploi du verbe «chanter» au début du poème.

2. Le pronom «vous» a-t-il la même fonction grammaticale dans les trois premiers vers?

3. Relevez les mots appartenant au champ lexical de la nature. Quel commentaire vous inspire l'ordre de leur apparition dans le poème?

4. Repérez et commentez les métaphores contenues dans le poème.

5. Repérez et commentez les adjectifs contenus dans ce poème.

6. Que présente de particulier la répétition de l'adjectif «claire» aux vers 6 et 7?

7. Étudiez les sonorités de la deuxième strophe.

« Flûte »

1. Par quels mots le poète désigne-t-il la flûte ? Quelles figures de style reconnaissez-vous dans ces mots ?
2. Quelle figure de style est associée aux « champs » ?
3. Relevez le contraste entre la flûte et les champs et précisez les rapports entre les deux.
4. Quelle est la fonction grammaticale du mot « champs » ? Quelle est celle du mot « flûte » ? Commentez.
5. Montrez que la sonorité du mot « flûte » se trouve répercutée dans la première strophe.
6. Observez les sonorités de la deuxième strophe.
7. Quel rapprochement pouvez-vous faire entre ce poème et le poème intitulé « L'aquarelle » ?

« Les ormes »

1. Relevez et commentez la seule métaphore du poème.
2. Relevez les termes appréciatifs.
3. Relevez et commentez les personnifications contenues dans ce poème.
4. Par quel moyen le poète donne-t-il l'impression que les ormes se vouent à procurer le bien-être aux bêtes ?
5. Montrez que le poète développe un thème traditionnel de la littérature québécoise, mais qu'il le fait d'une façon moderne.

« Saules »

1. Observez le premier vers et le tout dernier de ce poème : comment le poète modifie-t-il la perception que l'on a communément des saules ? À l'aide de quelle figure de style ?
2. Quel élément naturel anime les saules ? De quelle façon ?
3. Quelle figure de style occupe toute la troisième strophe ? Quel effet produit-elle ?
4. Quelle métaphore filée illustre l'effet du vent sur les arbres ? Justifiez son choix.
5. Montrez que les saules dans le vent procurent au poète des sensations visuelles.

6. Montrez que la contemplation des saules donne lieu à la réunion des quatre éléments (terre, air, eau et feu).
7. Peut-on dire que le poète est convié à une fête ?

« Pins à contre-jour »

1. Quel est le propos de ce poème ? Repérez la référence au poème précédent. Quelle différence le poète note-t-il entre les deux textes ?
2. Relevez les nombreuses comparaisons et métaphores du poème. Quel rapprochement pouvez-vous faire avec le poème précédent ?
3. Relevez une allitération dans les deux premiers vers et commentez-la.
4. Expliquez la métaphore des vers 2 et 6.
5. Tentez une explication du dernier vers. Quel rapprochement pouvez-vous faire avec le poème intitulé « Nous ne sommes pas » ?

Deux paysages

« Paysage en deux couleurs sur fond de ciel »

1. À quel type d'œuvre d'art ce titre pourrait-il convenir ?
2. Décrivez la forme de ce poème. Peut-on dire qu'elle présente une certaine régularité ?
3. Repérez les parties du poème en observant la ponctuation.
4. Observez la première partie du poème :
   a) À la lecture du premier vers, peut-on dire que l'intention du poète est de décrire un paysage ?
   b) Décrivez la structure grammaticale de la première strophe. Quel commentaire vous suggère-t-elle ?
   c) Montrez que la première strophe est bâtie sur des répétitions et des antithèses.
   d) L'adjectif « sauvage » possède-t-il le même sens aux vers 3 et 4 ?
5. Observez la deuxième partie du poème :
   a) Quel mouvement le regard du poète suit-il dans sa contemplation du paysage ?

b) Le soleil est-il valorisé ou déprécié?

c) Le mot « ciel » possède-t-il le même sens aux vers 10 et 11?

d) Faites l'analyse grammaticale de la quatrième strophe : trouvez le verbe principal et son sujet, de même que les compléments.

e) Décrivez les figures de style contenues dans la quatrième strophe.

f) La perception que le poète a des nénuphars concorde-t-elle avec le symbolisme de ces fleurs?

6. Observez la troisième partie du poème :

a) Tentez une explication de la quatrième strophe.

b) Montrez que la dernière strophe reprend et développe le propos de la toute première.

c) Quelles sont les sonorités dominantes dans la dernière strophe?

d) Pourquoi le poète se sert-il de parenthèses?

e) À quels vers du poème font écho ses trois derniers mots (v. 33)?

f) Résumez le propos du poème.

DE GRIS EN PLUS NOIR
« Spleen »

1. Quel poète français ce titre évoque-t-il?

2. Expliquez le mot « spleen ».

3. Décrivez la forme de ce poème.

4. De combien de parties ce court poème est-il composé? Justifiez votre découpage par des indices grammaticaux.

5. Observez la première partie du poème :

a) Relevez et expliquez la métaphore filée des deux premières strophes.

b) Quelle attitude expriment l'interjection et les déterminants exclamatifs des deux premières strophes?

c) Qui représente le pronom « nous » ici?

d) Que connotent les adjectifs des deux premières strophes?

6. Observez la deuxième partie du poème :

   a) Quel sentiment le poète exprime-t-il par l'interjection et les infinitifs des deux dernières strophes ? En quoi ce sentiment est-il tragique ?

   b) Comparez les deux parties du poème du point de vue du regard.

7. En quoi ce poème se distingue-t-il de celui intitulé « C'est là sans appui » ?

8. Que suggère la grande régularité formelle de « Spleen » ?

« Maison fermée »

Voir la section « Vers la dissertation critique », p. 287.

FACTION

« Autrefois »

1. Quel thème ce poème développe-t-il ?

2. Ce poème comprend cinq strophes correspondant à ses cinq parties. Résumez le propos de chacune d'elles.

3. Relevez, dans tout le poème, deux métaphores filées qui s'articulent autour du mot « rayon ».

4. Quelle autre métaphore filée traverse ce poème ?

5. Commentez le choix de ces métaphores.

6. Observez la première partie du poème :

   a) Ce poème fut composé en 1935, et le poète est né en 1912. Quelle réflexion vous suggère l'emploi de l'adverbe « Autrefois » par lequel commence ce poème ?

   b) Qu'a de particulier l'image du cercle que le poète choisit pour décrire sa poésie d'« autrefois » ? Précisez.

   c) Par quel sentiment le poète était-il animé ?

7. Observez la deuxième partie du poème :

   a) Quel événement de l'histoire des sciences évoque le vers 15. Que vient illustrer cette évocation ?

   b) Quelle figure géométrique apparaît ici pour illustrer la différence majeure opposant la première strophe à la deuxième ?

   c) Relevez une énumération et commentez-la.

    d) Trouvez deux métaphores quasi synonymes.

    e) Relevez des antithèses entre la première partie du poème et la deuxième.

    f) Relevez les anaphores contenues dans cette partie du poème. Quel effet produisent-elles ?

    g) Quels sentiments dominent la deuxième partie ?

8. Observez la troisième partie du poème :

    a) L'adverbe « Alors » qui commence cette partie donne-t-il seulement une indication temporelle ?

    b) Que connote l'expression « pauvre tâche » ?

    c) Quelles expressions indiquent que cette tâche est cependant vitale ?

9. Observez la quatrième partie du poème :

    a) Quel sentiment se dégage du vers 28 ?

    b) Relevez et expliquez une antithèse.

10. Observez la cinquième partie du poème :

    a) Le poète imagine une situation concrète à laquelle il compare la sienne. Indiquez, sur deux colonnes, les correspondances entre le comparant et le comparé.

    b) Qu'est-ce qui caractérise le personnage imaginé par le poète pour dépeindre sa propre situation ?

    c) Relevez un oxymore et commentez-le.

    d) Trouvez une antithèse dans les tout derniers vers du poème.

    e) Quelles nouvelles notions de géométrie illustrent l'espace dans lequel se trouve le poète ?

    f) Qu'est-ce qui prouve que le poète est combatif ?

11. Ce poème met en lumière trois traits du poète. Énumérez-les.

« Faction »

1. Décrivez la forme de ce poème et dégagez-en les parties.

2. Expliquez le titre de ce poème.

3. Observez et commentez le jeu des déterminants et des pronoms.

4. Quelle est l'attitude du poète devant cette décision de « faire la nuit » ?

5. Repérez et commentez les figures de style que le poète emploie pour parler de la nuit. Quelle perception en a-t-il ?

6. Expliquez la métaphore du vers 7.

7. Repérez dans le poème les termes qui justifient l'emploi de l'adjectif « problématique » pour qualifier « l'étoile ». Que révèlent-ils de la perception qu'en a le poète ?

8. Observez et commentez les sonorités du deuxième vers.

9. Tentez une explication des deux derniers vers du poème.

10. Résumez le propos du poème.

11. Reportez-vous au poème « Le jeu », à la page 50, où apparaît l'image de l'« étoile ». Comparez les deux situations.

SANS TITRE

« Petite fin du monde »

1. Repérez les quatre parties de ce poème et précisez-en le propos.

2. Relevez la double métaphore choisie pour représenter les mains des amants. Commentez-les.

3. De quoi les « mains » sont-elles la métonymie dans ce poème ? Que symbolisent-elles ? Que connote l'expression « quatre mains » ?

4. Relevez les termes appréciatifs associés à la rencontre amoureuse. Qu'évoquent-ils ?

5. Relevez les antithèses qui opposent la ferveur amoureuse à la mort de l'amour.

6. De quelle façon le poète décrit-il l'action de la mort ?

7. Quelles expressions signalent la réaction des amoureux devant la mort de l'amour ?

« Accueil »

1. Dans ce poème d'amour, que nous révèle le jeu des déterminants et des pronoms personnels ?

2. À la lecture des deux premières strophes, précisez le type de rapport que le poète veut établir avec la femme aimée.

3. Repérez, au moyen des répétitions, des champs lexicaux et des figures de style, les traits que le poète attribue à la femme aimée. Quelle vision s'en dégage ?

4. À quels poèmes pouvez-vous relier ce poème et, en particulier, la cinquième strophe ?

5. Repérez et expliquez les métaphores associées au poète.

6. Observez et commentez le choix des temps verbaux tout au long du poème.

7. Qu'est-ce qui caractérise cette relation amoureuse ?

« Cage d'oiseau »
Voir la section « Vers la dissertations critique », p. 297.

« *Accompagnement* »
Voir la section « Vers la dissertation critique », p. 280.

POÈMES RETROUVÉS
« Ma maison »

1. Ce poème est-il en vers libres comme la plupart des poèmes de Garneau ? Décrivez-en la forme.

2. Repérez le thème développé dans ce poème et précisez ce qu'il en dit.

3. Relevez dans les trois premiers vers les preuves de la générosité du poète.

4. Relevez et commentez la figure de style par laquelle le poète rappelle le souvenir des misères qu'il a subies.

5. Relevez les figures de style des deux derniers distiques.

6. Peut-on dire que dans ce poème pointe la foi religieuse de Garneau ?

7. Comparez le symbolisme de la maison dans ce poème et dans « Maison fermée » (p. 65).

« Lassitude »

1. Que nous révèlent les deux premiers vers sur le passé du poète ? En quoi ce passé est-il différent du présent ?

2. Quels mots du poème décrivent cette « lassitude » ?

3. Relevez des expressions et une métaphore qui suggèrent que le poète va jusqu'à se sentir indigne et méprisable.

4. Observez les vers 8 et 9. Par quel procédé le poète exprime-t-il le rejet de soi-même ?

5. Quel type de phrase structure le poème dès le troisième vers ?

6. De qui le poète souhaite-t-il la présence ? Montrez, en observant le jeu des sensations, que le poète a besoin d'une présence concrète auprès de lui.

7. Analysez le symbolisme du feu dans ce poème.

8. Que souhaite le poète en plus du regard de la femme et de sa « main » apaisante ?

9. Quelles sont les qualités essentielles que le poète voudrait retrouver au contact de cette « voix » ?

10. Relevez une synesthésie (ou association de deux sensations [1]) vers la fin du poème.

11. Quel effet produit la série de phrases interrogatives qui constituent le poème ? S'agit-il de vraies interrogations ?

« Silence »

1. Quels mots du début du poème signalent un changement chez le poète ?

2. De quel changement s'agit-il ? Expliquez.

3. Relevez deux comparaisons et commentez-les.

4. Outre l'image du « coffre » (v. 2 et 18), quels autres mots expriment l'idée du secret ?

5. Relevez les antithèses ayant trait au thème du temps.

6. Relevez les antithèses ayant trait à l'espace.

7. À la suite de ces constatations, précisez le statut que le poète entend conférer aux paroles, à la poésie.

---

1. Voir explication à la page 139, note 9.

« Te voilà verbe »

1. Qu'est-ce qui différencie les deux phrases à présentatif qui composent le dizain ?
2. Observez la première partie du poème :
   a) Quel mot Garneau choisit-il pour désigner son poème ? Que connote le mot choisi ? Quel effet produit-il ?
   b) Relevez et commentez la personnification désignant le poème. Trouvez les deux appositions qui la complètent.
   c) Quelle locution du début du poème confirme cette distance entre le poète et son œuvre ?
   d) Quel vers affirme que Garneau est un poète de l'intériorité ?
3. Observez la deuxième partie du poème :
   a) À quelle étape de la création le poète consacre-t-il cette partie ?
   b) Relevez la métaphore filée animale.
   c) Quelle tonalité domine dans les vers 9 à 12 ?
4. Montrez que dans le monostiche final, le poète, loin de vouloir fuir sa condition, l'assume totalement.

« Baigneuse »

1. Quelles sont les sonorités dominantes dans ce court poème ?
2. Que suggère l'indication temporelle et spatiale du premier vers ?
3. Comparez la « baigneuse » de ce poème à celle de « Rivière de mes yeux », à la page 53. Peut-on dire que le regard du poète est celui d'un être idéaliste ?

« C'est eux qui m'ont tué »

1. Quelle nuance introduit le présentatif du titre de ce poème ?
2. Divisez le poème en trois parties et résumez le propos de chacune d'elles.
3. Observez la première partie du poème :
   a) Relevez des parallélismes renforcés par des anaphores. Quel effet produisent-ils ?

b) Que pouvez-vous dire de l'ordre dans lequel sont mentionnés des actes cruels ?

c) Relevez les quatre comparaisons de cette partie. Présentent-elles la même suite décroissante ?

d) Analysez la comparaison de la troisième strophe.

4. Observez la deuxième partie du poème :

a) Relevez et expliquez l'énumération doublée d'une anaphore.

b) Que révèle le vers 17 de la personnalité du poète ? Quelle particularité syntaxique y renforce le propos du poète ?

5. Observez la troisième partie du poème :

a) Quel souhait le poète formule-t-il ici ? Que connote le mot « désert » (v. 18) ?

« Au moment qu'on a fait la fleur »

1. Quel thème ce poème développe-t-il ?

2. Quel symbole le poète a-t-il choisi pour représenter l'amour ? Commentez.

3. Comme dans un récit, ce poème présente les étapes successives d'une action. Repérez-en les parties en vous aidant des marqueurs de relation temporels.

4. À la lumière de la dernière partie du poème, déchiffrez la métaphore de l'« ennemie » (v. 6). Quels mots peuvent servir d'indices ?

5. Quelle métaphore filée le poète choisit-il pour parler du désir charnel ?

6. Quels termes signalent le caractère incontrôlable de ce désir ?

7. Relevez, dans les derniers vers du poème, la personnification qui désigne le désir charnel.

8. Quels sont les ravages de cette « ennemie » qu'est la chair ?

9. Quelle connotation possède la comparaison finale ?

10. Observez les allitérations des vers 1, 12 et 13. Quelles sonorités y dominent ? Montrez qu'elles se répercutent dans l'ensemble du poème.

11. Quel terme de la fin du poème résume la perception négative que le poète possède du désir charnel ?

« Un poème a chantonné tout le jour »

1. Divisez le poème en trois parties et précisez le propos de chacune d'elles.
2. Peut-on dire qu'il s'agit ici d'un poème d'introspection ? Quel effet produit l'emploi du pronom « on » ?
3. Observez la première partie du poème :
   a) Relevez la comparaison contenue dans la première partie et commentez-la.
4. Observez la deuxième partie du poème :
   a) Expliquez le vers 9 et précisez-en le niveau de langue.
   b) Relevez les mots qui décrivent ce qui se passe au moment de l'inspiration, avant même la création du poème.
   c) Relevez et expliquez les expressions qui décrivent ce qu'apporterait le poème créé.
   d) Relevez et expliquez la métaphore contenue dans les vers 20 à 22.
5. Observez la troisième partie du poème :
   a) Relevez et expliquez les figures de style des vers 23 et 24.
   b) Relevez l'assonance qui étaye le propos de ces deux vers.
   c) Relevez et expliquez les deux métaphores des deux derniers vers.

« Ma solitude n'a pas été bonne »

1. Délimitez les deux parties de ce poème et justifiez votre découpage.
2. Observez la première partie du poème :
   a) Par quels moyens le poète exprime-t-il sa quête de solitude ?
   b) Tentez d'expliquer le fait que la solitude soit associée à la nuit.
   c) De quelle manière étrange le poète parle-t-il de la mort dans la troisième strophe ?

d) Relevez et expliquez les métaphores énumérées dans les quatrième et cinquième strophes.

3. Observez la deuxième partie du poème :

a) Par quels termes le poète décrit-il son corps dans la sixième strophe ? Quelle perception en a-t-il ? Quelle tonalité domine ici ?

b) Relevez dans cette même strophe les comparaisons par lesquelles le poète décrit l'envahissement de la solitude.

c) Relevez et commentez la personnification contenue dans la septième strophe.

d) Que signale le mot « Alors » au début de la dernière strophe ?

e) À quels mots de la strophe précédente peut-on associer les vers 38, 41 et 42 ?

f) Relevez les figures de style contenues dans les vers 43 à 47 et expliquez-les.

g) À quel mot de la strophe précédente peut-on associer les vers 43 à 45 ?

h) Quels vers de la seconde partie du poème signalent la conséquence la plus grave de la solitude pour le poète ?

« Il nous est arrivé des aventures »

1. Saint-Denys Garneau développe ici un sujet fréquemment abordé dans la littérature québécoise. Précisez lequel et dites quelle position il prend.

2. Quelle allusion historique contiennent les trois premiers vers de ce poème ?

3. Expliquez l'emploi du pronom indéfini « on » dans la première strophe.

4. Relevez les métaphores qui décrivent les effets de la sédentarité et de sa monotonie dans la première strophe.

5. Dressez le champ lexical de l'espace qui appelle les nomades.

6. Repérez les vers qui prouvent la grande endurance des pionniers nomades. Quelles figures de style y reconnaissez-vous ?

7. Quelles qualités morales le poète prête-t-il aux nomades ?

8. Peut-on dire que le poète propose une vision négative des sédentaires ? Appuyez vos propos de citations et, s'il y a lieu, de vos connaissances littéraires.

9. Quels vers affirment l'antagonisme irréductible entre ces deux « races » ?

10. Par quels éléments ce poème fait-il écho à d'autres poèmes du recueil ?

11. En quoi ce poème se distingue-t-il des autres poèmes de Garneau ?

12. Par quel procédé et quelles tonalités l'engagement de Garneau se fait-il sentir principalement ?

LES POÈMES D'ANNE HÉBERT
LES SONGES EN ÉQUILIBRE
« Tableau de grève »

1. Cherchez les différentes significations du mot « tableau » dans un dictionnaire et précisez celles qu'il faut retenir dans ce contexte.
2. Montrez que tout le poème est traversé par le champ lexical du mouvement.
3. Les deux premières strophes constituent la première partie du poème et décrivent un paysage marin caractérisé par le mouvement de la lumière.
   a) Quels éléments naturels le composent ?
   b) Repérez les termes qui désignent des sensations visuelles produites par ce paysage.
   c) Montrez que ce paysage, loin d'être statique, se caractérise par l'interrelation des éléments qui le composent.
   d) Trouvez les comparaisons par lesquelles cette partie du poème établit la ressemblance entre le paysage et l'art. Quels vers de la deuxième strophe confirment cette ressemblance ?
4. La deuxième partie du poème est composée des trois strophes suivantes et décrivent le mouvement de l'eau.
   a) Montrez au moyen de deux champs lexicaux le passage de la violence au calme.
   b) Quel lien voyez-vous entre ces deux parties du poème ?
   c) Que notez-vous de particulier dans les comparaisons de la cinquième strophe ? Quel rapprochement pouvez-vous établir avec les vers 14 et 15 du poème ?
   d) Relevez des allitérations et des assonances.
5. La dernière partie de ce poème est constituée des trois dernières strophes. Quel procédé stylistique leur confère une

unité et les distingue des strophes précédentes ? Expliquez et commentez.

6. Lisez attentivement ces trois strophes et énumérez ce qu'y réclame la poète.

7. Quelle similitude voyez-vous entre ces trois strophes et les poèmes de Saint-Denys Garneau « C'est là sans appui » (p. 49) et « Le jeu » (p. 50) ?

« L'eau »

Voir la section « Vers la dissertation critique », p. 275.

« Terre »

1. Après lecture du poème, précisez le sens qu'il convient de donner au titre.

2. Montrez, en dressant le champ lexical des sentiments et des émotions, que ce poème est un hymne à la terre.

3. Relevez aux dixième et douzième strophes la même métaphore appréciative de la terre et commentez-la.

4. La douzième strophe est composée d'une énumération qui se termine par cette métaphore et la justifie. Sur quelles réalités cette strophe insiste-t-elle ?

5. Montrez à l'aide des deux dernières strophes que la poète a perdu les « terrestres paradis » (v. 67) qu'elle a connus. Précisez sa réaction à cette perte.

6. Énumérez les multiples aspects de la vie que ce poème évoque :
   — les éléments de la nature ;
   — les êtres vivants ;
   — les scènes de la vie quotidienne.

7. Tentez d'expliquer la huitième strophe (« Ne retenir des livres/[…] »).

8. Décrivez la forme de ce poème ainsi que la structure des phrases qui composent les vers.

« Marine »

1. Dans les deux premières strophes, relevez les marques temporelles qui signalent le passage chez la poète d'un état à un autre.
2. Par quels moyens ces strophes indiquent-elles que ce changement est inattendu ?
3. Quels mots décrivent l'environnement de la poète dans ces strophes ?
4. Qu'est-ce qui caractérise le changement décrit dans les deux premières strophes ?
5. Observez la troisième et la quatrième strophes. De quoi la mer est-elle ici la métaphore ?
6. Relevez et expliquez la comparaison contenue dans la cinquième strophe. Commentez l'emploi de la phrase interrogative.
7. Dans la sixième strophe, relevez et commentez les termes qui complètent la métaphore filée de la mer.
8. Par quels procédés la poète établit-elle le lien entre les images de l'eau et sa vie intérieure dans cette dernière strophe ?
9. Résumez le propos de ce poème.

LE TOMBEAU DES ROIS
« Éveil au seuil d'une fontaine »

1. Quel sens le mot « fontaine » possède-t-il dans ce contexte ?
2. En quoi le titre de ce poème qui commence le recueil est-il inaugural ?
3. Quel sentiment anime le poète dans les premiers vers du poème ?
4. Trouvez les antithèses contenues dans la première strophe.
5. Dans les deux premières strophes, Anne Hébert oppose le matin à la nuit. Montrez-le.
6. En quoi la deuxième strophe annonce-t-elle quelque chose de nouveau ?
7. La troisième et dernière strophe établit la correspondance entre la fontaine et le poète.

a) Quel verbe de cette strophe établit ce lien ?
b) Par quel champ lexical s'exprime la métamorphose de la poète ? En quoi ce choix est-il significatif ?
c) De quelle façon la poète suggère-t-elle que cette métamorphose se produit à son insu ?
d) Comparez les vers 7, 8 et 25.

« Les grandes fontaines »

1. Montrez que, dès la première strophe, ce poème évoque les mêmes lieux que le poème précédent.
2. Quelle est l'attitude de la poète envers ces « grandes fontaines » ? Est-elle la même que dans le poème précédent ?
3. Relevez et commentez les personnifications contenues dans les deux premières strophes.
4. Quelle autre caractéristique surprenante la poète confère-t-elle à ces « fontaines » dans la troisième strophe ?
5. Relevez les différences entre la quatrième strophe et les trois strophes précédentes.
6. Quels mots de la quatrième strophe valorisent « l'eau » ? Commentez-les.
7. Montrez que la cinquième strophe établit la correspondance entre la vie intérieure de la poète et les « grandes fontaines ». Que pouvez-vous en conclure ?
8. Commentez le tout dernier vers du poème : longueur, structure, sonorités et procédé stylistique.
9. Quelle impression se dégage de l'ensemble du poème ?

« Les pêcheurs d'eau »

1. Tentez d'expliquer le titre de ce poème. Qu'a-t-il d'étrange ?
2. Ce poème comprend deux parties qui s'opposent. Délimitez-les et précisez le propos de chacune d'elles.
3. Illustrez cette opposition en observant les images de l'oiseau et de l'arbre.
4. Montrez que les vers 4 et 13 présentent un parallélisme doublé d'une antithèse.

5. Quel rôle la poète attribue-t-elle à la femme qui occupe les deux dernières strophes ?
6. Commentez les mots clés comme « femme », « arbre », « midi », « mains » et « humilité ».
7. Résumez le propos de ce poème.

« Les mains »

1. La première partie de ce poème comprend les quatre premiers distiques et décrit une femme à l'aide de ses seules mains. Quels traits s'en dégagent ?
2. La deuxième partie du poème comprend les deux derniers distiques et décrit les mains. Quels traits s'en dégagent ?
3. Que symbolisent les « bagues » (v. 12) ?
4. Quels mots de cette partie valorisent les effets de la présence au monde de cette femme ? Quels mots en soulignent la difficulté ?
5. La dernière strophe décrit les rapports entre cette femme et le « nous ».
   a) Repérez-y deux oxymores et commentez-les.
   b) Montrez que le second oxymore fait écho au vers 12.
   c) Décrivez les rapports entre cette femme et le « nous » (v. 13).

« Les petites villes »

1. De quoi les « petites villes » sont-elles la métaphore ? Relevez les indices qui confirment votre réponse.
2. Que symbolise la ville ?
3. Peut-on affirmer que la poète s'intéresse à ces « petites villes » ?
4. Le poème décrit ces « petites villes ».
   a) Observez-en les caractéristiques.
   b) Relevez les figures de style contenues dans la sixième strophe et commentez-les.
   c) Relevez les figures de style contenues dans la neuvième strophe et commentez-les.

d) Observez la dixième strophe. Par quels procédés stylistiques la poète parle-t-elle de la solitude des « petites villes » ?

5. La poète désire-t-elle conserver ces « petites villes » ? Relevez dans tout le poème les verbes qui le prouvent.

6. Relevez un oxymore dans la dernière strophe. Quelle mise en garde la poète adresse-t-elle à son interlocuteur ?

7. Relisez le poème de Saint-Denys Garneau intitulé « Le jeu ». Quelle différence majeure trouvez-vous entre ce poème et « Les petites villes » ?

« La fille maigre »

1. La première partie du poème (v. 1 à 8) présente l'autoportrait de la « fille maigre ».

   a) Quelle partie du corps met-elle en évidence et comment en parle-t-elle ?

   b) Précisez, en consultant un dictionnaire des symboles, le symbolisme des os dans ce contexte.

   c) Pourquoi peut-on cependant dire que cette fille est une morte ? Quel indice le fait croire dans cette partie du poème.

   d) Dans quel autre poème d'Anne Hébert, la poète tient-elle une partie invisible de son corps entre ses mains ?

2. La deuxième partie du poème (cinquième et sixième strophes) formule le projet de la « fille maigre ».

   a) À quel temps sont conjugués les verbes de cette partie ? Avec quel effet ?

   b) Que connote l'expression « reliquaire d'argent » ?

   c) Relevez les mots qui montrent que le désir de la « fille » de s'unir à son amant est empreint de violence et de désespoir.

3. La troisième et dernière partie du poème décrit l'aboutissement du projet de la « fille ».

   a) Quel temps verbal remplace le futur employé dans la deuxième partie du poème ?

b) Peut-on dire que l'amant est encore « absent » ? Quels indices le prouvent ?

c) Énumérez, en relevant les figures de style, les effets de cette présence sur la « fille maigre ». Ceux-ci paraissent-ils bénéfiques ?

d) Peut-on affirmer que le dernier vers du poème connote une pleine renaissance ?

4. Quel rapprochement pouvez-vous faire entre ce poème et « Le tombeau des rois » ?

« Retourne sur tes pas »

1. Montrez au moyen d'exemples précis que ce poème est un monologue intérieur.

2. Par quelle métaphore filée de la première strophe la poète décrit-elle son cheminement ?

3. Par quelles métaphores antithétiques de la deuxième strophe la poète décrit-elle les obstacles qui entravent son cheminement ?

4. Ces obstacles émanent-ils de la poète ou lui sont-ils imposés ?

5. À quelle solution la poète se résout-elle ? Quelles métaphores choisit-elle cette fois ?

6. Quel procédé caractérise les vers 7 et 8 ? Commentez-le.

7. La troisième strophe augure-t-elle du bon ?

8. Expliquez le vers 12 en cherchant ce que connote l'expression « la grande ténèbre ».

9. Les quatrième, cinquième et sixième strophes décrivent ce à quoi la poète entend se consacrer. Précisez en quoi ses choix sont inquiétants.

10. Montrez que le mot « murailles » (v. 22) clôt une métaphore filée amorcée au début du poème.

11. En quoi les deux dernières strophes s'opposent-elles ? Comparez les deux groupes ternaires qui s'y trouvent.

12. Comparez l'apostrophe du tout dernier vers à celle du premier vers.

« Une petite morte »

1. Ce poème forme un court récit. Repérez-en les protagonistes et délimitez-en la durée.
2. La première partie du poème est formée par les trois premières strophes. Quel en est le propos ?
   a) Relevez et commentez les termes qui décrivent la « petite morte ».
   b) Repérez une comparaison dans cette première partie et commentez-la.
3. La quatrième strophe forme la deuxième partie du poème. Que développe-t-elle ?
4. Relevez dans la troisième et dernière partie du poème des indices montrant l'identité entre la « petite morte » et le « nous ».
   a) Montrez que la mort de la « petite » ou de l'enfance a une double conséquence sur le « nous ».

« Il y a certainement quelqu'un »

1. Trouvez une prosopopée dans la première strophe.
2. La première strophe permet-elle d'affirmer que la poète connaît les circonstances exactes de ce qui lui est arrivé ?
3. Par quel procédé grammatical le reste du poème souligne-t-il l'anonymat de l'auteur du crime ?
4. Quel procédé reconnaissez-vous aux vers 6 et 7 ? Quel effet produit-il ?
5. À la lumière de la deuxième strophe, précisez ce que peut être ce meurtre dont la poète est victime.
6. Quel élément de la dernière strophe accentue la souffrance de la poète immobilisée sur ce « chemin » (v. 9) ?
7. Montrez que cette mort ne la prive pas de ses attributs anciens.
8. Relevez une allitération dans les deux dernières strophes.
9. Montrez que le tout dernier vers résume le mal dont la poète est victime.
10. Quelle interprétation pouvez-vous donner de ce poème ?

« Le tombeau des rois »

1. Ce poème se présente comme un récit initiatique dont la situation initiale est résumée dans les quatre premiers vers. Relevez la comparaison et la métaphore qui s'y trouvent et décrivez l'état de la poète.

2. La deuxième partie du poème (strophes 2 à 5) décrit l'épreuve initiatique de la poète et commence par sa descente vers les « tombeaux des rois ».

   a) Commentez le choix du lieu vers lequel se dirige la poète. Que connote l'expression « les tombeaux des rois » ?

   b) Trouvez une antithèse dans la deuxième strophe et commentez-la.

   c) Repérez et expliquez la référence à la mythologie grecque. Quelles modifications le poème y apporte-t-il ? Commentez-les.

   d) Expliquez l'emploi des parenthèses à la quatrième strophe.

   e) Relevez la comparaison contenue dans la cinquième strophe. Que suggère-t-elle ?

   f) Relevez, dans la sixième strophe, les mots qui suggèrent l'enfermement et la difficulté d'accéder aux « tombeaux ».

3. La deuxième étape de l'épreuve (strophes 7 à 10) relate l'arrivée auprès des tombeaux.

   a) La poète nous situe dans l'Égypte ancienne. Relevez les indices de cette civilisation antique.

   b) Expliquez le mot « gisants » (v. 25). De quelle autre civilisation ce mot est-il l'indice ? Montrez que le vers 25 suggère que l'attrait des « gisants » pour la poète est réciproque.

   c) Observez le jeu des sonorités du vers 25.

   d) En dégageant les contrastes contenus dans les septième et huitième strophes, montrez que les gisants leurrent la poète pour la séduire.

   e) Dégagez, entre la septième et la dixième strophe, trois réactions successives de la poète à cette rencontre avec les

« gisants ». Prêtez une attention particulière à la troisième de ces réactions.

f) Expliquez la présence de l'oiseau à la fin de la dixième strophe.

4. La troisième étape de l'épreuve traite du sacrifice de la poète aux mains des pharaons.

a) Relevez la comparaison contenue dans la onzième strophe et commentez-la.

b) Que symbolise le chiffre sept ?

c) Dans la douzième strophe, quels mots expriment le jugement de la poète sur l'agitation des grands pharaons ?

d) Que cherchent ces pharaons chez la poète ?

e) Les rites initiatiques connaissent généralement un sacrifice. Relevez les trois étapes de celui qui est décrit à la treizième strophe.

5. La dernière strophe marque les deux étapes de l'aboutissement de l'épreuve initiatique.

a) Repérez ces deux étapes et précisez ce qui les distingue l'une de l'autre.

b) Quels mots des vers 59 à 61 indiquent que la lutte est achevée ?

c) Quelle remarque vous inspire le vers 61 ?

d) Par quels moyens les quatre derniers vers du poème expriment-ils l'amorce de la renaissance de la poète ?

6. Résumez le propos de ce poème.

MYSTÈRE DE LA PAROLE
« Poésie solitude rompue »

1. Observez le premier paragraphe :

a) Anne Hébert affirme la difficulté de définir la poésie. Elle en précise cependant plusieurs caractéristiques. Relevez-en cinq en tenant compte des procédés formels mis en œuvre, s'il y a lieu.

2. Observez le deuxième paragraphe :

a) Que révèle le deuxième paragraphe au sujet de la source d'inspiration de la poète ? Celle-ci est-elle seulement intérieure ?

b) Quelle obligation la poète a-t-elle envers le monde ?

c) La tâche de la poète est-elle aisée ?

3. Observez les troisième et quatrième paragraphes :

a) Quels mots montrent que la poésie engage la sensibilité du poète plutôt que sa raison ?

b) Quels mots forment le champ lexical de l'art ?

c) Comment ces deux champs lexicaux s'articulent-ils ?

d) Relevez, dans le troisième paragraphe, deux métaphores décrivant le rôle de la poésie.

e) Trouvez d'autres mots qui confèrent à la poésie une fonction vitale.

4. Observez le cinquième paragraphe :

a) Relevez les termes qui décrivent l'état du poète au moment de la création poétique.

b) Relevez les mots du champ lexical du temps et commentez-les.

5. Observez le sixième paragraphe :

a) Anne Hébert distingue perfection d'une œuvre et grandeur d'une œuvre. Vers quoi va sa préférence ? Expliquez à partir du sixième paragraphe en tenant compte des figures de style.

6. Observez le septième et le huitième paragraphes :

a) Relevez la métaphore filée religieuse qui parcourt ces paragraphes et commentez-la.

b) Au septième paragraphe se trouve une allusion à un épisode de la Bible. Repérez-la et tentez de l'expliquer.

c) Trouvez les références religieuses dans le huitième paragraphe et formulez-en le propos.

7. Observez les trois derniers paragraphes :

a) Quelle image Anne Hébert donne-t-elle du Québec des années 1960 ?

b) Peut-on dire que le neuvième paragraphe reflète l'engagement d'Anne Hébert envers son pays ?

c) Quel jugement Anne Hébert porte-t-elle sur la poésie traditionnelle du Québec — vouée au culte de la patrie et de la terre ?

d) Déplore-t-elle les accents désespérés de ces « premières voix de notre poésie » (l. 49) ?

e) Observez le rythme du onzième paragraphe. En quoi contribue-t-il à renforcer le propos qui y est exprimé ?

f) Relevez la comparaison finale et commentez-la.

« Mystère de la parole »

1. La première partie du poème comprend les quatre premiers versets. Elle signale un changement, le passage d'un état à un autre.

   a) Décrivez l'état ancien.

   b) Qu'est-ce qui caractérise l'état nouveau ? En quoi contraste-t-il avec l'état ancien ?

   c) Relevez les métaphores contenues dans cette première partie.

2. La deuxième partie du poème comprend les sept versets suivants et illustre le don reçu par la poète et la collectivité, « la passion du monde » (l. 1).

   a) Cherchez le sens étymologique et le sens courant du mot « passion ».

   b) Relevez les mots de cette partie du poème illustrant ces deux sens du mot « passion ».

   c) Relevez et classez les éléments de la réalité — du « monde » — auxquels la poète fait référence.

   d) Relevez une comparaison et une métaphore qui allient souffrance et exaltation.

   e) Relevez les termes qui signalent le début d'une ère nouvelle.

3. Les cinq derniers versets forment la dernière partie du poème et montrent que la renaissance s'accompagne de la prise de la parole.

   a) Cherchez dans chaque verset un mot du champ lexical de la parole.

b) Quels mots du douzième verset suggèrent que l'avènement de la parole s'accompagne d'une certaine violence?

c) Relevez dans ce verset une métaphore doublée d'une comparaison. Commentez.

d) Montrez qu'au treizième verset la poète cherche la fusion des contraires grâce à la parole.

e) Relevez les procédés stylistiques dans le quatorzième verset et commentez-les.

f) Expliquez l'expression «langues de feu» (l. 34). Quel en est le sens contextuel?

g) Le quinzième verset commence par une apostrophe. Qu'est-ce qui caractérise ces «frères» (l. 35) qu'interpelle la poète?

h) Le seizième verset clôt le poème en parlant du rôle du poète. Décrivez ce rôle en observant les procédés stylistiques mis en œuvre.

i) Dans quel but le poète doit-il exercer cette fonction de la parole?

4. Cherchez les différents sens du mot «mystère» et précisez lesquels s'appliquent à ce poème.

«Survienne la rose des vents»

1. Ce poème est composé de trois parties d'inégales longueurs. Délimitez-les en vous fondant sur des indices grammaticaux. Résumez chacune de ces parties.

2. Observez la première partie du poème:

a) Par quelle métaphore filée le deuxième verset décrit-il l'amour perdu?

b) Quelle autre métaphore filée se dessine dans le troisième verset et qu'illustre-t-elle?

c) Dans le quatrième verset, relevez les mots qui connotent l'enfermement et le repli sur soi.

d) Observez la comparaison dans ce verset: cet enfermement est-il naturel?

e) Relevez la figure de style qui se trouve dans le cinquième verset et expliquez-la.

f) À quel verset précédent pouvez-vous relier le sixième verset? Qu'apporte-t-il de nouveau?

g) Relevez et expliquez les deux figures de style que comprend le septième verset.

3. Observez la deuxième partie du poème:

a) Le huitième verset comporte trois figures de style qui s'enchaînent. Relevez-les et expliquez-les.

b) Montrez que le neuvième verset explore séparément les deux éléments de l'expression « rose des vents ». Qu'en dit-il? Par quels procédés stylistiques?

4. Observez la troisième partie du poème:

a) Repérez les mots de la métaphore filée qui domine dans ce verset. Quels mots du verset précédent l'annoncent déjà?

b) Que connotent les deux premières demandes que la poète adresse à chacun de ses deux interlocuteurs au tout début du verset?

c) Expliquez la métaphore de la «solitude gréée» (l. 20).

d) Trouvez dans les sept premiers versets des mots qui s'opposent au verbe «flamboie» (l. 21) et commentez-les.

e) Que connotent les mots «un sacrement de sel» (l. 21)?

f) Expliquez la dernière demande formulée par la poète.

« Neige »

1. Bien que « Neige » soit un poème en vers libres, ses vers présentent une certaine régularité du point de vue de la structure des phrases. Montrez cela.

2. Expliquez les premier, deuxième et quatrième versets à partir du sens figuré de l'expression *mettre quelqu'un en selle* (l. 3).

3. Le vers 3 présente une variante de cette expression. Expliquez-la.

4. Repérez dans le poème les notations de mouvement.

5. Repérez dans ce poème les termes qui désignent l'espace ou en suggèrent l'idée.

6. Repérez les sensations visuelles. Montrez que certaines s'opposent.

7. Repérez la présence de la nature dans ce poème à travers les quatre éléments (terre, eau, air et feu). Montrez comment s'effectue le passage de l'un à l'autre.

8. De quoi l'« oiseau » (l. 8) est-il la métaphore ?

9. Résumez le propos de ce poème.

« La sagesse m'a rompu les bras »

1. Par quelle allégorie le poème commence-t-il ?

2. En examinant les nombreux traits et le comportement de cette « très vieille femme » (v. 2), montrez que la poète entend la démasquer et dénoncer la « sagesse » (v. 1) qu'elle représente. Tenez compte des procédés stylistiques mis en œuvre pour ce faire.

3. Dressez le champ lexical du corps humain et commentez-le. À quel mot de la quatrième strophe s'oppose ce champ lexical ?

4. Observez la quatrième strophe. La sagesse, cette « très vieille femme » (v. 2), est-elle étrangère à la poète ? Relevez et commentez les termes à connotation religieuse.

5. Si la poète dénonce la « sagesse » (v. 1), tourne-t-elle pour autant le dos à tout son passé ? Expliquez en observant le vers 8.

6. La cinquième strophe amorce la deuxième partie du poème et traite de l'action libératrice de la poète. Que symbolise l'« orage » (v. 12) ?

7. En quoi le vers 12 forme-t-il une antithèse avec le premier vers du poème ?

8. Dans la cinquième strophe, relevez et commentez la métaphore par laquelle la poète décrit sa délivrance de la sagesse. Quel rapprochement pouvez-vous établir avec l'expérience éprouvante qu'elle connaît dans « Le tombeau des rois » ?

9. Les quatre dernières strophes du poème décrivent la libération de la poète, démarche qu'elle n'entreprend cependant pas en solitaire. Qu'est-ce qui caractérise celui qu'elle choisit pour l'accompagner ? Quels rapports établit-elle avec lui ?

10. Quel rapprochement pouvez-vous établir entre le vers 19 et « Le tombeau des rois » ?

11. Repérez, dans ces quatre dernières strophes, les mots qui rappellent l'« héritage » dont se réclame la poète au vers 8.

12. Repérez les termes qui désignent les lieux où évoluent la poète et « l'ami le plus cruel » (v. 17).

13. Repérez les notations temporelles dans les sixième et huitième strophes.

14. Observez les vers 28 et 29. Repérez les procédés qui y sont mis en œuvre et expliquez-les.

« Trop à l'étroit »

1. Délimitez les deux parties de ce poème.

2. Dans les deux premiers vers du poème, repérez la comparaison et la métaphore choisies pour représenter le malheur associé au passé et commentez-les.

3. Quels mots du troisième vers viennent compléter ce portrait du « malheur » ?

4. Quelle figure de style reconnaissez-vous à la fin du troisième vers ? Expliquez.

5. Expliquez et commentez le quatrième vers. Que nous apprend-il sur le « malheur » ?

6. Montrez les signes avant-coureurs du changement.

7. Observez les sonorités dans le titre et les quatre premiers vers.

8. Repérez les oppositions entre les deux parties.

9. Quel sens donnez-vous à « la beauté du jour » ? Quelle est la réaction de la poète à la découverte de la « beauté du jour » (l. 9) ?

10. Expliquez la comparaison du dernier vers. En quoi est-elle surprenante ?

11. Résumez le propos de ce poème.

VERS LA DISSERTATION CRITIQUE

Tous les sujets proposés ici ont fait l'objet d'une épreuve ministérielle de français. La date entre parenthèses est celle de l'épreuve.

SUJET DE DISSERTATION CRITIQUE PORTANT SUR UN SEUL POÈME

Sujet
Dans son poème « L'eau », Anne Hébert présente une image inquiétante de l'eau. Discutez. (Décembre 2000)

Poème
« L'eau » d'Anne Hébert, p. 97.

Questions préparatoires

1. Relevez l'anaphore, les parallélismes et les antithèses contenus dans les trois premières strophes.
2. Le poème offre dans ces trois strophes un éventail des manifestations de l'eau. Distinguez celles qui sont inquiétantes de celles qui sont rassurantes.
3. Dressez deux champs lexicaux distincts dans les quatrième et cinquième strophes.
4. Quelle idée développent ces strophes ? L'eau y paraît-elle rassurante ou inquiétante ?

5. Les sixième et septième strophes décrivent les rapports de l'homme avec l'eau. Donnent-elles une image rassurante de l'eau ? Justifiez votre réponse.

6. Dans les huitième et neuvième strophes, comment la poète explique-t-elle le caractère menaçant de l'eau ? À quel grand récit fait-elle allusion ?

7. Relevez les antithèses dans les dixième, onzième, douzième et quatorzième strophes. Que soulignent-elles ?

8. La treizième strophe confirme le caractère métaphorique de l'eau, déjà signalé à la sixième strophe. Quels mots le signalent ici ? De quoi est-elle la métaphore ?

9. Tentez d'expliquer les interrogations qui terminent le poème.

10. Dressez le plan de la dissertation.

Tout en tenant compte des marques formelles, relevez et classez les éléments du poème qui donnent une image inquiétante de l'eau, puis ceux qui en donnent une image rassurante, et enfin ceux qui montrent que le propos du poème dépasse cette opposition.

SUJETS DE DISSERTATION CRITIQUE PORTANT SUR DEUX POÈMES

SUJET 1

Est-il juste d'affirmer que, dans les poèmes « Le jardin d'antan » et « Devant le feu », Nelligan insiste plus sur le bonheur que sur le malheur ? (Août 2005)

POÈME 1
« Le jardin d'antan » d'Émile Nelligan, p. 16.

Questions préparatoires

1. Décrivez la forme du poème en observant le nombre de strophes, la versification et la disposition des rimes.
2. Ce poème comprend deux parties qui s'opposent. Délimitez ces parties et résumez leur contenu.
3. Observez la première partie du poème :
   a) De quoi le jardin est-il la métaphore ? Que symbolise ce lieu ?
   b) Quel sentiment anime les êtres aimés que le poète y retrouve ?
   c) Dans quel art se manifeste cette atmosphère de joie ? Quel champ lexical le montre ?
   d) Par quelle métaphore le poète désigne-t-il le souvenir à la première strophe ? Expliquez celle-ci.
   e) Quel sentiment anime le poète qui emprunte ce chemin du souvenir ?
   f) Quelle métaphore de la deuxième strophe illustre l'état actuel du poète ?
4. Observez la deuxième partie du poème :
   a) Comparez la métaphore du souvenir dans cette partie du texte avec celle du début du poème.

   b) Avec quels mots de la première partie du poème l'énumération des vers 31, 32 et 33 forme-t-elle une antithèse ?

5. Qu'est-ce qui rend le souvenir « amer » (v. 25) pour le poète ?

POÈME 2
« Devant le feu » d'Émile Nelligan, p. 13.

Questions préparatoires

1. Montrez la disposition particulière des rimes dans ce sonnet.
2. Délimitez les deux parties de ce sonnet en montrant qu'elles s'opposent.
3. Observez la première partie du poème :
   a) Dressez le champ lexical du bonheur associé à l'enfance.
   b) Dans quelle activité se révèle ce bonheur ?
   c) Quel effet ces lectures produisent-elles sur le poète et le groupe d'enfants qui partagent les plaisirs de ces lectures ?
4. Observez la deuxième partie du poème :
   a) Trouvez les oppositions entre les tercets et les deux quatrains.
   b) Expliquez la métaphore du vers 12.
   c) Par quelles figures de style se termine le poème ? Expliquez-les et montrez à quel élément des quatrains elles correspondent et s'opposent.

Sujet 2

Est-il juste de dire que les poètes expriment plus la tristesse que la joie dans les poèmes « La romance du vin » et « Accompagnement » ? (Août 2000)

Poème 1
« La romance du vin » d'Émile Nelligan, p. 38.

Questions préparatoires

1. Rappelez les circonstances dans lesquelles Nelligan a récité ce poème.
2. Décrivez la forme de ce poème et dégagez certaines caractéristiques formelles frappantes.
3. Observez la première partie du poème :
   a) Dans les deux premières strophes, le poète décrit l'atmosphère qui l'entoure. Quels éléments retient-il de ce décor et quelles sensations suscitent-ils ?
   b) Quel moyen stylistique révèle l'exaltation et la joie de Nelligan devant ce décor ?
   c) En observant ces deux premières strophes, montrez qu'à la joie du poète se mêle la tristesse, confirmant le « Tout se mêle » du premier vers.
4. Observez la deuxième partie du poème :
   a) Dans les troisième, quatrième, cinquième et sixième strophes, Nelligan, laissant éclater sa révolte et sa rage, décrit son art poétique et sa condition de poète. Qu'en dit-il ? Sont-ils source de joie ou de tristesse ?
   b) Repérez les manifestations de la joie et celles de la tristesse. Quel sentiment l'emporte sur l'autre ?
   c) Montrez que Nelligan est capable d'une ironie qui se pare de générosité envers ses cruels contemporains.
5. Observez la troisième partie du poème :
   Dans les septième et huitième strophes, le poète semble connaître un moment d'apaisement.

a) Qu'est-ce qui causait son mal de vivre ?

b) Quel sentiment anime à nouveau le poète ?

c) Montrez la correspondance entre la joie qui habite le poète et la beauté du paysage.

6. Observez la quatrième et dernière partie du poème :

a) Dressez le champ lexical de la joie dans la neuvième strophe.

b) Relevez une antithèse.

c) Peut-on affirmer que, dans cette dernière strophe, joie et tristesse coexistent, confirmant ainsi le « Tout se mêle » du tout début du poème ?

POÈME 2
« *Accompagnement* » d'Hector de Saint-Denys Garneau, p. 75.

Questions préparatoires

1. Divisez le poème en trois parties en vous appuyant sur les charnières temporelles.

2. Relevez et expliquez la métaphore filée amorcée par le verbe « marche ».

3. Observez la première partie du poème :

a) Quelle locution signale la division intérieure du poète ?

b) Dans les cinq premiers vers, observez les phrases dans lesquelles se trouve le mot « joie » : de quelle manière le poète exprime-t-il la prise de conscience de sa dualité intérieure ?

c) Par quel verbe le poète exprime-t-il son incapacité à posséder sa joie ?

4. Observez la deuxième partie du poème :

a) Décrivez, en observant le vocabulaire et les procédés stylistiques, les efforts déployés par le poète pour posséder la joie.

b) Pourquoi le mot qui termine cette strophe est-il important dans ce contexte ? Comment le poète le met-il en évidence ?

    c) En quoi ce mot rappelle-t-il le poème liminaire du recueil ?

    d) Que révèle la phrase « je machine en secret » (v. 10) sur la mentalité ambiante ?

5. Observez la troisième partie du poème.

    a) Quels mots de la dernière strophe traduisent l'exaltation du poète à l'idée de s'approprier sa joie ?

    b) Observez et commentez les termes du champ lexical de la disparition.

    c) Peut-on conclure que lorsque le poète se sera approprié la joie, il aura surmonté sa division intérieure ?

6. Relevez les marques de joie dans « Accompagnement ».

7. Relevez les marques de tristesse dans « Accompagnement ».

SUJETS DE DISSERTATION CRITIQUE COMPARATIVE ENTRE DEUX POÈMES

SUJET 1

Dans les poèmes « Mon rêve familier », de Paul Verlaine, et « Beauté cruelle », de Nelligan, est-il juste d'affirmer que la représentation de l'amour est similaire ? (Mai 2000)

POÈME 1
« Beauté cruelle » d'Émile Nelligan, p. 22.

Certe, il ne faut avoir qu'un amour en ce monde,
Un amour, rien qu'un seul, tout fantasque soit-il ;
Et moi qui le recherche ainsi, noble et subtil,
Voici qu'il m'est à l'âme une entaille profonde.

5   Elle est hautaine et belle, et moi timide et laid :
Je ne puis l'approcher qu'en des vapeurs de rêve.
Malheureux ! Plus je vais, et plus elle s'élève
Et dédaigne mon cœur pour un œil qui lui plaît.

  Voyez comme, pourtant, notre sort est étrange !
10   Si nous eussions tous deux fait de figure échange,
Comme elle m'eût aimé d'un amour sans pareil !

  Et je l'eusse suivie en vrai fou de Tolède,
Aux pays de la brume, aux landes du soleil,
Si le Ciel m'eût fait beau, et qu'il l'eût faite laide !

Questions préparatoires

1. Quel procédé stylistique reconnaissez-vous dans le titre de ce sonnet ?
2. Divisez le poème en deux parties et précisez le propos de chacune d'elles.
3. Observez la première partie du poème.

Premier quatrain

a) Expliquez en quoi l'orthographe du mot « certe » est une licence poétique.
b) Quelle conception de l'amour se dégage des deux premiers vers ? À travers quels procédés ?
c) Trouvez deux adjectifs appréciatifs grâce auxquels se précise cette conception de l'amour.
d) À quelle concession le poète est-il prêt pour réaliser son idéal d'amour ?
e) Montrez à l'aide de la métaphore du vers 4 comment la réalité s'oppose à l'idéal.

Second quatrain

a) Repérez et expliquez les trois antithèses du second quatrain.
b) Expliquez la métaphore du vers 6.

4. Observez la deuxième partie du sonnet.

a) Quelle situation le poète imagine-t-il ? Quel vers du deuxième tercet l'explicite ?
b) À quel mode verbal les verbes des deux tercets sont-ils conjugués ? Quelle est la valeur de ce mode verbal ?
c) Par quels procédés le poète décrit-il l'attitude qu'il aurait eue à l'égard de la jeune fille s'il avait été beau et elle, laide ?

POÈME 2
« Mon rêve familier » de Paul Verlaine, *Poèmes saturniens*, « Melancholia » (1866).

Je fais souvent ce rêve étrange et pénétrant
D'une femme inconnue, et que j'aime, et qui m'aime,
Et qui n'est, chaque fois, ni tout à fait la même
Ni tout à fait une autre, et m'aime et me comprend.

5 Car elle me comprend, et mon cœur transparent
Pour elle seule, hélas, cesse d'être un problème
Pour elle seule, et les moiteurs de mon front blême,
Elle seule les sait rafraîchir, en pleurant.

Est-elle brune, blonde ou rousse ? — Je l'ignore.
10 Son nom ? Je me souviens qu'il est doux et sonore
Comme ceux des aimés que la Vie exila.

Son regard est pareil au regard des statues,
Et, pour sa voix, lointaine, et calme, et grave, elle a
L'inflexion des voix chères qui se sont tues.

Questions préparatoires

1. Chez Verlaine, l'amour est-il objet de quête comme chez Nelligan ? Quels mots suggèrent que le rêve du poète est récurrent ?
2. Observez dans les tercets ce que lui procure de plus la femme rêvée. Précisez à travers quelle sensation.
3. Précisez les éléments du passé que le poète retrouve en observant les deux périphrases contenues dans les vers 11 et 14.

Questions de comparaison entre les deux poèmes.

1. En vous fondant sur la distinction entre rêve et réalité, repérez une différence majeure entre la femme aimée de Nelligan et celle de Verlaine.

2. Comparez, sur les plans physique et moral, la femme aimée de Nelligan à celle qui agrémente le « rêve familier » de Verlaine. Observez plus précisément leur apparence physique et leurs attitudes.

3. En quoi l'attitude de Verlaine envers l'amour diffère-t-elle de celle de Nelligan ?

4. Relevez les similitudes entre les deux poèmes quant à la représentation de l'amour.

5. Élaborez un plan de dissertation.

SUJET 2

Est-il juste d'affirmer que l'angoisse s'exprime de la même manière dans « Chant d'automne », de Baudelaire, et « Maison fermée », de Saint-Denys Garneau ? (Août 2003)

POÈME 1
« Chant d'automne » de Charles Baudelaire.

I

Bientôt nous plongerons dans les froides ténèbres ;
Adieu, vive clarté de nos étés trop courts !
J'entends déjà tomber avec des chocs funèbres
Le bois retentissant sur le pavé des cours.

5 Tout l'hiver va rentrer dans mon être : colère,
Haine, frissons, horreur, labeur dur et forcé,
Et, comme le soleil dans son enfer polaire,
Mon cœur ne sera plus qu'un bloc rouge et glacé.

J'écoute en frémissant chaque bûche qui tombe ;
10 L'échafaud qu'on bâtit n'a pas d'écho plus sourd.
Mon esprit est pareil à la tour qui succombe
Sous les coups du bélier infatigable et lourd.

Il me semble, bercé par ce choc monotone,
Qu'on cloue en grande hâte un cercueil quelque part.

15   Pour qui ? — C'était hier l'été ; voici l'automne !
    Ce bruit mystérieux sonne comme un départ.

II

    J'aime de vos longs yeux la lumière verdâtre,
    Douce beauté, mais tout aujourd'hui m'est amer,
    Et rien, ni votre amour, ni le boudoir, ni l'âtre,
20   Ne me vaut le soleil rayonnant sur la mer.

    Et pourtant aimez-moi, tendre cœur ! soyez mère,
    Même pour un ingrat, même pour un méchant ;
    Amante ou sœur, soyez la douceur éphémère
    D'un glorieux automne ou d'un soleil couchant.

25   Courte tâche ! La tombe attend ; elle est avide !
    Ah ! laissez-moi, mon front posé sur vos genoux,
    Goûter, en regrettant l'été blanc et torride,
    De l'arrière-saison le rayon jaune et doux !

Questions préparatoires

1. Relevez et commentez deux antithèses contenues dans les deux premiers vers.
2. À part l'été, quelle autre saison le poète apprécie-t-il ?
3. À quel signe concret le poète reconnaît-il l'approche de l'hiver ? Quel champ lexical le prouve ?
4. Trouvez les deux figures de style illustrant l'effet produit par ces sensations auditives.
5. À l'aide d'une énumération, d'une métaphore et de deux comparaisons, montrez comment se manifeste l'angoisse que l'hiver déclenche chez le poète.
6. À la lecture de la deuxième partie du poème, peut-on dire que le poète trouve quelque consolation dans l'amour ?

POÈME 2
« Maison fermée » de Saint-Denys Garneau, p. 65.

Je songe à la désolation de l'hiver
Aux longues journées de solitude
Dans la maison morte —
Car la maison meurt où rien n'est ouvert —
5   Dans la maison close, cernée de forêts

Forêts noires pleines
De vent dur

Dans la maison pressée de froid
Dans la désolation de l'hiver qui dure

10   Seul à conserver un petit feu dans le grand âtre
L'alimentant de branches sèches
Petit à petit
Que cela dure
Pour empêcher la mort totale du feu
15   Seul avec l'ennui qui ne peut plus sortir
Qu'on enferme avec soi
Et qui se propage dans la chambre

Comme la fumée d'un mauvais âtre
Qui tire mal vers en haut
20   Quand le vent s'abat sur le toit
Et rabroue la fumée dans la chambre
Jusqu'à ce qu'on étouffe dans la maison fermée

Seul avec l'ennui
Que secoue à peine la vaine épouvante
25   Qui nous prend tout à coup
Quand le froid casse les clous dans les planches
Et que le vent fait craquer la charpente

Les longues nuits à s'empêcher de geler
Puis au matin vient la lumière
30 Plus glaciale que la nuit.

Ainsi les longs mois à attendre
La fin de l'âpre hiver.

Je songe à la désolation de l'hiver
Seul
35 Dans une maison fermée.

Questions préparatoires

1. Du point de vue des saisons, quelle différence notez-vous entre le poème de Garneau et celui de Baudelaire?
2. Quelle vision Garneau possède-t-il de l'hiver?
3. À quel lieu concret l'hiver est-il associé?
4. Que révèle cette maison de l'être intérieur du poète? Énumérez les sentiments qui l'envahissent.
5. Pourquoi le poète ne tente-t-il pas de s'en échapper?
6. Que symbolise le feu dans ce contexte?
7. Que peut suggérer l'irrégularité de la forme de ce poème?

Questions de comparaison entre les deux poèmes

1. Relevez, sur deux colonnes, les ressemblances entre les deux poèmes et les passages qui témoignent de ces ressemblances quant à la manière dont les poètes expriment leur angoisse.
2. Relevez, sur deux colonnes, les différences quant à la manière dont les poètes expriment leur angoisse.

Sujet 3

A-t-on raison de penser que « Un poète », de Nelligan, et « L'albatros », de Baudelaire, présentent une image semblable du poète ? (Décembre 2004)

Poème 1

« Un poète » d'Émile Nelligan, p. 41.

Laissez-le vivre ainsi sans lui faire de mal !
Laissez-le s'en aller ; c'est un rêveur qui passe ;
C'est une âme angélique ouverte sur l'espace,
Qui porte en elle un ciel de printemps auroral.

5   C'est une poésie aussi triste que pure
Qui s'élève de lui dans un tourbillon d'or.
L'étoile la comprend, l'étoile qui s'endort
Dans sa blancheur céleste aux frissons de guipure.

Il ne veut rien savoir ; il aime sans amour.
10 Ne le regardez pas ! que nul ne s'en occupe !
Dites même qu'il est de son propre sort dupe !
Riez de lui !… Qu'importe ! il faut mourir un jour…

Alors, dans le pays où le bon Dieu demeure,
On vous fera connaître, avec reproche amer,
15 Ce qu'il fut de candeur sous ce front simple et fier
Et de tristesse dans ce grand œil gris qui pleure !

Questions préparatoires

1. Commentez le titre du poème. Quelle nuance l'emploi du déterminant indéfini ajoute-t-il ?
2. Précisez le type de texte que vous y reconnaissez (description, narration, discours, réflexion, etc.) et justifiez votre réponse.

3. Les verbes à l'impératif se situent d'abord dans les deux premiers vers et ensuite dans la troisième strophe. Comparez ces deux groupes de verbes:
   — Que révèlent-ils au sujet des rapports entre le poète et ses contemporains?
   — Quel ton prédomine dans chaque groupe de verbes?
4. Quel effet l'attitude cruelle des lecteurs a-t-elle sur le poète?
5. Nelligan ne se limite pas à déplorer la situation du poète incompris et rejeté, il entend les faire connaître, lui et son art.
   a) Observez les vers 1 à 6: à quel moyen stylistique recourt-il pour le présenter?
   b) Observez les deux premières strophes: par quel champ lexical prédominant Nelligan présente-t-il le poète et sa poésie?
   c) De quelle «étoile» peut-il s'agir à la fin de la deuxième strophe?
   d) Trouvez, dans l'ensemble du poème, trois autres exemples montrant que ce poète est étranger à notre monde.
   e) Montrez comment la deuxième strophe développe chacun des deux traits de la poésie soulignés dans le vers 5.
   f) Montrez que le poème se termine par la mention des deux traits de la poésie développés dans les strophes précédentes.
   g) Si le poète est rejeté par la société, peut-on pour autant affirmer qu'il fait ici figure de poète maudit? Quelle réponse vous suggère la dernière strophe et, en particulier, la périphrase du vers 13?
   h) En résumé, quelle image Nelligan offre-t-il du poète?

POÈME 2

« L'albatros » de Charles Baudelaire, « Spleen et idéal », *Les fleurs du mal* (1857).

Souvent, pour s'amuser, les hommes d'équipage
Prennent des albatros, vastes oiseaux des mers,
Qui suivent, indolents compagnons de voyage,
Le navire glissant sur les gouffres amers.

5   À peine les ont-ils déposés sur les planches,
Que ces rois de l'azur, maladroits et honteux,
Laissent piteusement leurs grandes ailes blanches
Comme des avirons traîner à côté d'eux.

Ce voyageur ailé, comme il est gauche et veule !
10 Lui, naguère si beau, qu'il est comique et laid !
L'un agace son bec avec son brûle-gueule,
L'autre mime, en boitant, l'infirme qui volait !

Le Poète est semblable au prince des nuées
Qui hante la tempête et se rit de l'archer ;
15 Exilé sur le sol au milieu des huées,
Ses ailes de géant l'empêchent de marcher.

Questions préparatoires

1. Précisez le type de texte que vous reconnaissez dans ce poème (description, narration, discours, réflexion, etc.) et justifiez votre réponse.
2. Quelle nuance l'emploi du déterminant défini ajoute-t-il au titre et au mot « Poète » au vers 13. Commentez l'emploi de la majuscule à ce dernier mot.
3. Commentez le choix de l'oiseau en général et de l'albatros en particulier pour représenter le poète.

4. Relevez une périphrase, quatre personnifications appréciatives et une comparaison qui désignent l'albatros. Expliquez quelle image du poète s'en dégage.
5. Quel mot de la première strophe indique que ces oiseaux évoluent à l'aise dans leur univers aérien?
6. Repérez et décodez les métaphores de la dernière strophe qui illustrent cette même attitude chez le poète.
7. De quoi l'albatros est-il victime? Relevez les termes péjoratifs qui traduisent sa déchéance.
8. Quelles métaphores suggèrent que le poète subit un sort similaire au milieu de ses contemporains?
9. En résumé, quelle image Baudelaire présente-t-il du poète?

Questions de comparaison entre les deux poèmes

1. Énumérez les ressemblances entre les deux poèmes quant à l'image du poète.
2. Énumérez les différences entre les deux poèmes quant à l'image du poète.
3. Faites le plan détaillé du développement de cette dissertation.

SUJET DE DISSERTATION CRITIQUE COMPARATIVE ENTRE TROIS POÈMES

SUJET 1

Est-il vrai de dire que l'oiseau revêt une seule et même symbolique dans « Page d'écriture » et « Pour faire le portrait d'un oiseau », de Prévert, et « Cage d'oiseau », de Saint-Denys Garneau ? (Février 1996)

POÈME 1
« Page d'écriture » de Jacques Prévert, *Paroles* (1946), **© Éditions Gallimard.**

Deux et deux quatre
quatre et quatre huit
huit et huit font seize...
Répétez ! dit le maître
5   Deux et deux quatre
quatre et quatre huit
huit et huit font seize.
Mais voilà l'oiseau-lyre
qui passe dans le ciel
10 l'enfant le voit
l'enfant l'entend
l'enfant l'appelle :
Sauve-moi
joue avec moi
15 oiseau !
Alors l'oiseau descend
et joue avec l'enfant...
Deux et deux quatre...
Répétez ! dit le maître

20   et l'enfant joue
     l'oiseau joue avec lui…
     Quatre et quatre huit
     huit et huit font seize
     et seize et seize qu'est-ce qu'ils font?
25   Ils ne font rien seize et seize
     et surtout pas trente-deux
     de toute façon
     et ils s'en vont.
     Et l'enfant a caché l'oiseau
30   dans son pupitre
     et tous les enfants
     entendent sa chanson
     et tous les enfants
     entendent la musique
35   et huit et huit à leur tour s'en vont
     et quatre et quatre et deux et deux
     à leur tour fichent le camp
     et un et un ne font ni une ni deux
     un à un s'en vont également.
40   Et l'oiseau-lyre joue
     et l'enfant chante
     et le professeur crie:
     Quand vous aurez fini de faire le pitre!
     Mais tous les autres enfants
45   écoutent la musique
     et les murs de la classe
     s'écroulent tranquillement.
     Et les vitres redeviennent sable
     l'encre redevient eau
50   les pupitres redeviennent arbres
     la craie redevient falaise
     le porte-plume redevient oiseau.

Questions préparatoires

1. Montrez que deux univers s'opposent dans ce poème.
2. Par quel moyen Prévert insiste-t-il sur la monotonie de l'école ?
3. Expliquez le sens du mot « lyre ». Quel est le sens étymologique de ce mot ?
4. Que symbolise « l'oiseau-lyre » dans ce poème ?
5. Même « caché [...]/dans [le] pupitre » (v. 29 et 30) de l'enfant, quel effet l'oiseau a-t-il sur les autres enfants et sur leur perception de la classe ?

POÈME 2
« Pour faire le portrait d'un oiseau » de Jacques Prévert, *Paroles* (1946), © Éditions Gallimard.

À Elsa Henriquez

Peindre d'abord une cage
avec une porte ouverte
peindre ensuite
5   quelque chose de joli
quelque chose de simple
quelque chose de beau
quelque chose d'utile
pour l'oiseau
10   placer ensuite la toile contre un arbre
dans un jardin
dans un bois
ou dans une forêt
se cacher derrière l'arbre
15   sans rien dire
sans bouger...
Parfois l'oiseau arrive vite
mais il peut aussi bien mettre de longues années
avant de se décider
20   Ne pas se décourager
attendre

attendre s'il le faut pendant des années
la vitesse ou la lenteur de l'arrivée de l'oiseau
n'ayant aucun rapport
25   avec la réussite du tableau
Quand l'oiseau arrive
s'il arrive
observer le plus profond silence
attendre que l'oiseau entre dans la cage
30   et quand il est entré
fermer doucement la porte avec le pinceau
puis
effacer un à un tous les barreaux
en ayant soin de ne toucher aucune des plumes de l'oiseau
35   Faire ensuite le portrait de l'arbre
en choisissant la plus belle de ses branches
pour l'oiseau
peindre aussi le vert feuillage et la fraîcheur du vent
la poussière du soleil
40   et le bruit des bêtes de l'herbe dans la chaleur de l'été
et puis attendre que l'oiseau se décide à chanter
Si l'oiseau ne chante pas
c'est mauvais signe
signe que le tableau est mauvais
45   mais s'il chante c'est bon signe
signe que vous pouvez signer
Alors vous arrachez tout doucement
une des plumes de l'oiseau
et vous écrivez votre nom dans un coin du tableau.

Questions préparatoires

1. Dans quel domaine artistique Prévert nous amène-t-il? Quel
   champ lexical le prouve?
2. Quel mode verbal prédomine dans ce poème? Quel effet ce
   mode produit-il?

3. Prévert restreint-il son propos à une leçon de peinture ? Expliquez.

4. Repérez les quatre parties du poème correspondant aux étapes de la création artistique et précisez l'attitude que doit avoir l'artiste.

5. Quel symbolisme l'oiseau revêt-il dans ce poème ?

6. Quelle signification revêt le chant de l'oiseau ?

POÈME 3
« Cage d'oiseau » de Hector de Saint-Denys Garneau, p. 74.

Je suis une cage d'oiseau
Une cage d'os
Avec un oiseau

L'oiseau dans sa cage d'os
5 C'est la mort qui fait son nid

Lorsque rien n'arrive
On entend froisser ses ailes

Et quand on a ri beaucoup
Si l'on cesse tout à coup
10 On l'entend qui roucoule
Au fond
Comme un grelot

C'est un oiseau captif
La mort dans ma cage d'os

15 Voudrait-il pas s'envoler
Est-ce vous qui le retiendrez
Est-ce moi ?
Qu'est-ce que c'est

Il ne pourra s'en aller
20 Qu'après avoir tout mangé
Mon cœur
La source du sang
Avec la vie dedans

Il aura mon âme au bec.

Questions préparatoires

1. Par quelle métaphore le poète se définit-il dans ce poème?
2. De quoi l'oiseau captif est-il la métaphore?
3. Relevez un oxymore dans la deuxième strophe.
4. Qu'y a-t-il de surprenant à voir un oiseau représenter la mort?
5. Quel détail biographique cette métaphore peut-elle évoquer? (Voir p. 173.)
6. De quelle façon l'oiseau captif manifeste-t-il sa présence?
7. Lequel des cinq sens est mis en évidence dans la quatrième strophe? Comment le jeu des sonorités appuie-t-il le propos du poète?
8. Commentez la sixième strophe: s'agit-il de vraies interrogations?
9. Peut-on dire que, dans les vers 19 à 24, l'oiseau revêt un symbolisme ambivalent?

Question de comparaison entre les trois poèmes

1. Faites un tableau comparant les trois poèmes des points de vue suivants: le contexte dans lequel se situe l'oiseau, le statut de l'oiseau, les manifestations de sa présence et sa symbolique.

Tableau chronologique

| Année | Émile Nelligan, Hector de Saint-Denys Garneau, Anne Hébert | Québec et Canada | | Culture, politique et société |
	Vies et œuvres	Culture	Politique et société	Dans le monde
1879	Naissance d'Émile Nelligan à Montréal.	Décès d'Octave Crémazie. *Ô Canada*, de Basile Routhier.	Une ligne de chemin de fer relie Québec, Montréal et Ottawa.	*Les frères Karamazov*, roman de Dostoïevski.
1895		Fondation de l'École littéraire de Montréal.	Wilfrid Laurier, premier ministre du Canada.	Première séance de cinéma par les frères Lumière à Paris.
1896	En mars, admission de Nelligan au Collège Sainte-Marie. Rencontre de Louis Dantin.	Récitals d'Ignace Paderewski. Quatrième visite de Sarah Bernhardt à Montréal. Récital de la cantatrice Emma Albani.	Découverte de l'or au Klondike (Yukon).	L'affaire Dreyfus divise l'opinion publique en France. *Ubu Roi*, pièce d'Alfred Jarry.
1897	Admission de Nelligan à l'École littéraire de Montréal, le 10 février.	À l'École littéraire de Montréal, projet de publier *Le livre d'or de l'École littéraire de Montréal*.		*Un coup de dés*, poèmes de Stéphane Mallarmé.

Année	Émile Nelligan, Hector de Saint-Denys Garneau, Anne Hébert — Vies et oeuvres	Québec et Canada — Culture	Québec et Canada — Politique et société	Culture, politique et société — Dans le monde
1898	Rêve de voyage au Yukon avec Arthur de Bussières.	Les membres de l'École littéraire de Montréal se réunissent désormais au Château de Ramezay.		«J'accuse», d'Émile Zola. *Le tour d'écrou*, nouvelle de Henry James*[1].
1899	Le 26 mai, à la séance publique de l'École littéraire de Montréal, Nelligan récite «La romance du vin». 9 août: internement d'Émile Nelligan.	Publication dans *La Patrie* des portraits des 14 membres de l'École littéraire de Montréal.		*Oncle Vania*, pièce d'Anton Tchekov*.

1. Les auteurs dont le nom est suivi d'un astérisque sont ceux qu'aimait lire Anne Hébert. Voir Christiane Lahaie, «Présentation des dossiers», Anne Hébert et la critique, *Les Cahiers Anne Hébert*, n° 4, p. 23.

Année	Émile Nelligan, Hector de Saint-Denys Garneau, Anne Hébert — Vies et œuvres	Culture — Québec et Canada	Politique et société — Québec et Canada	Culture, politique et société — Dans le monde
1900	Publication dans *Le Monde illustré* de la photo de Nelligan prise en 1899, par Laprés et Lavergne (cf. p. 8).	*La chasse-galerie*, légendes canadiennes, d'Honoré Beaugrand.	Fondation par Alphonse Desjardins de la première caisse populaire.	*L'interprétation des rêves*, de Sigmund Freud. *Les Claudine*, de Colette* (1900-1905). Exposition universelle de Paris.
1902	Publication, dans *Les Débats*, de l'étude consacrée à Nelligan par Louis Dantin.	Fondation de la Société du parler français du Canada.		*Les aile de la colombe*, roman de Henry James*.
1904	*Émile Nelligan et son œuvre*, recueil de 107 poèmes.	*Les gouttelettes*, poèmes de Pamphile Lemay. *Marie Calumet*, roman de Rodolphe Girard.		*La coupe d'or*, roman de Henry James*.
1909	Publication de plusieurs inédits de Nelligan, dont « Un poète » dans la revue *Le Terroir*.	Seconde phase de l'École littéraire de Montréal avec la publication de la revue *Le Terroir*.	Fondation du club de hockey Canadien, qui adoptera le maillot tricolore en 1911.	*Manifeste du futurisme*, Marinetti.

| Année | Émile Nelligan, Hector de Saint-Denys Garneau, Anne Hébert | Québec et Canada | | Culture, politique et société |
	Vies et œuvres	Culture	Politique et société	Dans le monde
1912	Naissance à Montréal de Hector de Saint-Denys Garneau	Fondation du Musée des beaux-arts de Montréal.		*L'annonce faite à Marie*, pièce de Paul Claudel*.
1916	Naissance d'Anne Hébert.			*Introduction à la psychanalyse*, de Freud.
1920	*Anthologie des poètes canadiens*, de Jules Fournier, avec 18 poèmes de Nelligan.	Fondation de l'Université de Montréal.		*Les champs magnétiques*, du chef des surréalistes, André Breton.
1923	Saint-Denys Garneau commence son cours secondaire au Collège Sainte-Marie.	Fondation de la Société des poètes canadiens français.		*Génitrix*, roman de François Mauriac*.
1925	Nelligan est admis à l'hôpital Saint-Jean-de-Dieu. Il y demeurera jusqu'à sa mort.	Troisième volume des *Soirées de l'École littéraire de Montréal*.		*Mrs Dalloway*, roman-poème de Virginia Woolf*.

Année	Émile Nelligan, Hector de Saint-Denys Garneau, Anne Hébert — Vies et œuvres	Québec et Canada — Culture	Québec et Canada — Politique et société	Culture, politique et société — Dans le monde
1934	Saint-Denys Garneau interrompt ses études. Il participe à la fondation de *La Relève*. Il expose des tableaux à la Galerie des arts.	Fondation de *La Relève* (1934-1941). *Poèmes*, d'Alain Grandbois. *Les demi-civilisés*, roman de Jean-Charles Harvey.		*Le marteau sans maître*, poèmes de René Char★. *Le chant du monde*, roman de Jean Giono★.
1935	Saint-Denys Garneau rédige son *Journal*.	Publication de *L'École littéraire de Montréal*, de Jean Charbonneau.		*Sueur de sang*, poèmes de Pierre-Jean Jouve★.
1937	*Regards et jeux dans l'espace*, de Hector de Saint-Denys Garneau. Exposition de ses tableaux au Musée des beaux-Arts de Montréal. Voyage du poète en France.	*Menaud maître-draveur*, roman de Félix-Antoine Savard.		*Plume*, poèmes d'Henri Michaux★. *L'amour fou*, d'André Breton.

| Année | Émile Nelligan, Hector de Saint-Denys Garneau, Anne Hébert | Culture | Politique et société | Culture, politique et société |
	Vies et œuvres	Québec et Canada		Dans le monde
1938	Saint-Denys Garneau se réfugie définitivement au manoir de Sainte-Catherine-de-Fossambault.	*Trente arpents*, roman de Ringuet.		*La fable du monde*, poèmes de Jules Supervielle.
1941	Décès d'Émile Nelligan à l'hôpital Saint-Jean-de-Dieu.	*La Relève* devient *La Nouvelle Relève* (1941-1948).		Attaque de Pearl Harbor par les Japonais.
1942	*Les songes en équilibre*, premier recueil de poèmes d'Anne Hébert.	*Anthologie de la poésie canadienne d'expression française*, de Guy Sylvestre.	Les Québécois votent contre la conscription.	«Liberté», poème de Paul Éluard*.
1943	Décès de Saint-Denys Garneau.		L'instruction publique est obligatoire au Québec.	*Le Petit Prince*, de Saint-Exupéry.

		Émile Nelligan, Hector de Saint-Denys Garneau, Anne Hébert	Québec et Canada		Culture, politique et société
Année	Vies et œuvres	Culture	Politique et société	Dans le monde
1944	Anne Hébert signe un article intitulé « De Saint-Denys Garneau et le paysage », dans le numéro de *La Nouvelle Relève* en hommage au poète disparu.	*Les îles de la nuit*, poèmes d'Alain Grandbois. *Andante*, poèmes de Félix Leclerc.	Duplessis est réélu premier ministre.	*Au rendez-vous allemand*, de Paul Éluard*. *Exil*, poèmes de Saint-John Perse*.
1945	Anne Hébert achève la rédaction du recueil de nouvelles *Le torrent*.	*Bonheur d'occasion*, roman de Gabrielle Roy, prix Fémina 1947. *Le Survenant*, roman de Germaine Guèvremont.		Fin de la Deuxième Guerre mondiale. Bombe atomique à Hiroshima puis à Nagasaki.
1948		Manifeste du *Refus global*. *Le Vierge incendié*, poèmes de Paul-Marie Lapointe.	Le fleurdelisé devient le drapeau du Québec.	*Fureur et mystère*, poèmes de René Char*. *Proêmes*, de Francis Ponge.
1949	*Poésies complètes*, de Saint-Denys Garneau.	Fondation des éditions Erta, par Roland Giguère.	Grève de l'amiante à Asbestos et à Thetford Mines.	*Oublieuse mémoire*, poèmes de Jules Supervielle*.

Année	Émile Nelligan, Hector de Saint-Denys Garneau, Anne Hébert Vies et œuvres	Québec et Canada Culture	Politique et société	Culture, politique et société Dans le monde
1950	*Le torrent*, d'Anne Hébert, publié à compte d'auteur.	Fondation de la revue *Cité libre*.		*Les matinaux*, poèmes de René Char.
1952	Présentation à Radio-Canada des *Invités au procès*, d'Anne Hébert. *Poésies complètes (1896-1899)*, d'Émile Nelligan.	*L'ange du matin*, poèmes de Fernand Dumont.	Début de la télévision canadienne.	*La mort belle*, roman de Georges Simenon*. La revue *Esprit* publie un numéro sur le Canada français.
1953	*Le tombeau des rois*, poèmes d'Anne Hébert. Soirée Saint-Denys Garneau au Gésu.	Fondation des éditions de l'Hexagone par, entre autres, Gaston Miron. *Totems*, poèmes de Gilles Hénault.		*En attendant Godot*, pièce de Samuel Beckett*.
1954	Anne Hébert devient scénariste à l'ONF. Séjour de trois ans à Paris. *Journal*, de Saint-Denys Garneau.	Fondation de la revue *Les Écrits du Canada français* (1954-1970). *Les cloîtres de l'été*, poèmes de Jean-Guy Pilon.		« Le déserteur » et « L'évadé », de Boris Vian. Guerre d'Algérie (1954-1962).

Année	Émile Nelligan, Hector de Saint-Denys Garneau, Anne Hébert	Culture	Politique et société	Culture, politique et société
	Vies et oeuvres	Québec et Canada		Dans le monde
1958	*Les chambres de bois*, roman d'Anne Hébert, prix de l'Association France-Québec (1959). Prix Duvernay pour l'ensemble de son oeuvre. Anne Hébert fait la lecture publique de « Poésie solitude rompue ».	*Poèmes de l'Amérique étrangère*, poèmes de Michel van Schendel. *L'étoile pourpre*, poèmes d'Alain Grandbois.		*Moderato cantabile*, roman de Marguerite Duras*. *L'ignorant*, poèmes de Philippe Jaccottet. *Hier régnant désert*, poèmes d'Yves Bonnefoy.
1959	Prix Athanase-David pour *Les chambres de bois*.	*Estraves*, poèmes de Gilles Vigneault. Fondation de la revue *Liberté*.	Décès de Maurice Duplessis, premier ministre du Québec.	*La liberté des mers*, poèmes de Pierre Reverdy.

Année	Émile Nelligan, Hector de Saint-Denys Garneau, Anne Hébert	Culture	Politique et société	Culture, politique et société
	Vies et œuvres	Québec et Canada		Dans le monde
1960	*Dialogue sur la traduction, à propos du « Tombeau des rois »*, avec Frank Scott et Jeanne Lapointe. Anne Hébert rédige le scénario du film *Saint-Denys Garneau*. *Poèmes*, d'Anne Hébert.	*Les insolences du frère Untel*, essai de Jean-Paul Desbiens. *Mémoire sans jours*, poèmes de Rina Lasnier. *Choix de poèmes/Arbres*, poèmes de Paul-Marie Lapointe.	Début de la Révolution tranquille. Élection du libéral Jean Lesage. Fondation du Rassemblement pour l'indépendance nationale (RIN).	John F. Kennedy, président des États-Unis. Réédition de *Cahier d'un retour au pays natal*, d'Aimé Césaire (1939).
1961	Prix du Gouverneur général décerné à Anne Hébert pour *Poèmes*.	*Recours au pays*, poèmes de Jean-Guy Pilon. *Convergences*, essais de Jean Le Moyne (dont « Saint-Denys Garneau, témoin de son temps »).	Commission Parent. Création du ministère de la Culture. Inauguration de la délégation générale du Québec à Paris.	*Cent mille milliards de poèmes*, de Raymond Queneau. *Connaissance par les gouffres*, poèmes d'Henri Michaux.
1963	Création au TNM de la pièce *Le temps sauvage*, d'Anne Hébert.	Fondation de la revue *Parti pris*. *Ode au Saint-Laurent*, poème de Gatien Lapointe.	Commission royale d'enquête sur le bilinguisme et le biculturalisme.	Assassinat du président Kennedy. *Oh! Les beaux jours*, pièce de Samuel Beckett*.

		Émile Nelligan, Hector de Saint-Denys Garneau, Anne Hébert	Culture	Politique et société	Culture, politique et société
Année	Vies et œuvres		Québec et Canada		Dans le monde
1965	Anne Hébert s'installe à Paris. Réédition du *Torrent* au Seuil.		Fondation de la revue *La Barre du jour*. *L'âge de la parole*, poèmes de Roland Giguère. *L'afficheur hurle*, poèmes de Paul Chamberland.	Pierre Elliott Trudeau, Jean Marchand et Gérard Pelletier joignent les rangs du Parti libéral du Canada.	*Ténèbres*, poèmes de Pierre-Jean Jouve*. *Double pays*, poèmes d'Andrée Chédid.
1967	La revue *Études françaises* publie un numéro spécial sur Émile Nelligan. Anne Hébert reçoit le prix Molson du Conseil des Arts du Canada.		*Pays sans parole*, poèmes d'Yves Préfontaine. *Les cantouques*, poèmes de Gérald Godin. *Or le cycle du sang dure donc*, poèmes de Raoul Duguay.	Expo 67. Création des cégeps. Le général de Gaulle lance son «Vive le Québec libre», à Montréal.	*Le chat*, roman de Georges Simenon*. *Leçons*, poèmes de Philippe Jaccottet.

Année	Émile Nelligan, Hector de Saint-Denys Garneau, Anne Hébert — Vies et œuvres	Québec et Canada — Culture	Politique et société	Culture, politique et société — Dans le monde
1968	À l'Université de Montréal, colloque intitulé *Aspects de Saint-Denys Garneau*. Numéro spécial d'*Études françaises* sur Saint-Denys Garneau.	*L'écho bouge beau*, de Nicole Brossard. *Étal mixte*, de Claude Gauvreau. « Poèmes et chants de la résistance ». Michèle Lalonde y récite « Speak white ». Fondation des éditions Les Herbes rouges.	Création du Parti québécois de René Lévesque. Pierre Elliott Trudeau, premier ministre du Canada. Inauguration du barrage Manic 5. Création de Radio-Québec.	*L'œuvre au noir*, roman de Marguerite Yourcenar*. Mai 68 en France. Assassinat de Martin Luther King.
1970	*Kamouraska*, roman d'Anne Hébert, Prix des libraires de France (1971) et Prix de l'Académie royale de Belgique.	*L'homme rapaillé*, poèmes de Gaston Miron. La Nuit de la poésie au théâtre Gésu.	Élection au Québec du libéral Robert Bourassa. Crise d'Octobre. Loi sur les mesures de guerre.	*L'amateur d'escargot*, nouvelles de Patricia Highsmith*.
1971	*Œuvres*, édition critique de l'œuvre de Saint-Denys Garneau.	Fondation des Écrits des Forges et du Noroît, deux maisons d'édition consacrées à la poésie.	Projet hydro-électrique de la Baie James.	*La fabrique du pré*, poème de Francis Ponge.

Année	Émile Nelligan, Hector de Saint-Denys Garneau, Anne Hébert — Vies et œuvres	Québec et Canada — Culture	Politique et société	Culture, politique et société — Dans le monde
1973	*Kamouraska* est porté à l'écran par Claude Jutra.	*Lieu de naissance*, poèmes de Pierre Morency.	Réélection de Robert Bourassa.	*Oulipo, la littérature potentielle*, poèmes de Le Lionnais, Pérec et Lescure.
1975	*Les enfants du sabbat*, roman d'Anne Hébert. Prix du Gouverneur général du Canada. Récital de Monique Leyrac qui chante Nelligan.	Janou Saint-Denis anime « Place aux poètes » à la Casanous. *Chouennes*, (1961-1971), poèmes de Pierre Perrault.	Année internationale de la femme.	*Dans le leurre du seuil*, poèmes d'Yves Bonnefoy.
1976	Prix de l'Académie française pour *Les enfants du sabbat* et Prix de la fondation Prince-Pierre-de-Monaco pour l'ensemble de l'œuvre d'Anne Hébert.	Fondation de la revue *Estuaire*. *Filles-commandos bandées*, poèmes de Josée Yvon.	Jeux olympiques de Montréal. Le Parti québécois prend le pouvoir avec René Lévesque (1976-1985).	*Cérémonial de la violence*, poèmes d'Andrée Chédid.

Année	Émile Nelligan, Hector de Saint-Denys Garneau, Anne Hébert — Vies et œuvres	Québec et Canada — Culture	Québec et Canada — Politique et société	Culture, politique et société — Dans le monde
1978	Prix David décerné à Anne Hébert pour l'ensemble de son œuvre. Anne Hébert refuse le poste de lieutenant-gouverneur du Québec. Pièce radiophonique *L'île de la demoiselle*.	*Flore Cocon*, roman de Suzanne Jacob*. *Le centre blanc*, poèmes de Nicole Brossard. L'Hexagone fête ses vingt-cinq ans.		*Histoire de la lumière*, poèmes de Jacques Dupin.
1979	Colloque Crémazie-Nelligan. Fondation du prix Émile-Nelligan.	*Peinture aveugle*, poèmes de Robert Melançon.		*Laisses*, poèmes d'André Du Bouchet.
1980	*Héloïse*, roman d'Anne Hébert.	Deuxième Nuit de la poésie à l'UQAM.	Échec du premier référendum sur l'avenir du Québec.	*L'autre*, de Pierre Emmanuel.
1982	*Les fous de Bassan*, roman d'Anne Hébert, prix Fémina.	*Autoportraits*, poèmes de Marie Uguay.	Adoption de la nouvelle Constitution canadienne.	*Moi laminaire*, poèmes d'Aimé Césaire.

Année	Émile Nelligan, Hector de Saint-Denys Garneau, Anne Hébert — Vies et oeuvres	Québec et Canada — Culture	Québec et Canada — Politique et société	Culture, politique et société — Dans le monde
1984	Médaille de l'Académie canadienne-française pour l'ensemble de son oeuvre.	*Moments fragiles*, poèmes de Jacques Brault.	Le conservateur Brian Mulroney élu premier ministre du Canada.	*L'amant*, roman de Marguerite Duras*.
1987	*Les Fous de Bassan*, porté à l'écran par Yves Simoneau.	*L'accélérateur d'intensité*, poèmes d'André Roy.	Accord du lac Meech. Mort de René Lévesque.	*Ce qui fut sans lumière*, poèmes d'Yves Bonnefoy.
1988	*Le premier jardin*, roman d'Anne Hébert. Prix Canada-Belgique.	*Grand hôtel des étrangers*, poèmes de Claude Beausoleil.	Jacques Parizeau, chef du Parti québécois.	*Opéra des limites*, poèmes de Marie-Claire Bancquart.
1990	*La cage*, pièce d'Anne Hébert. *Nelligan*, opéra d'André Gagnon et de Michel Tremblay.	*La belle écriture dans l'Atelier imaginaire*, poèmes de Michel Garneau.	Crise d'Oka. L'accord du lac Meech est invalidé.	Réunification de l'Allemagne.

Année	Émile Nelligan, Hector de Saint-Denys Garneau, Anne Hébert	Québec et Canada		Culture, politique et société
	Vies et œuvres	Culture	Politique et société	Dans le monde
1992	*L'enfant chargé de songes*, roman d'Anne Hébert. Prix du Gouverneur général. *Le jour n'a d'égal que la nuit*, poèmes d'Anne Hébert.	*Le saut de l'ange*, poèmes de Denise Desautels. *Pour les amants*, poèmes de François Charron.		Génocide au Rwanda. *Fables pour un peuple d'argile*, poèmes de Vénus Khoury-Ghata.
1993	Prix Gilles-Corbeil de la Fondation Émile-Nelligan décerné à Anne Hébert pour l'ensemble de son œuvre.	*L'Amérique*, long poème de Jean-Paul Daoust. *Le saut de l'ange*, poèmes de Denise Desautels. *Le lien de la terre*, poèmes de Jean Royer.	Accord de libre-échange entre le Canada, les États-Unis et le Mexique (ALENA).	*Le Très-bas*, prose poétique de Christian Bobin.
1994	Création de la Fondation Saint-Denys Garneau.	*Aknos*, poèmes de Fulvio Caccia.	Jacques Parizeau, premier ministre du Québec.	

| Année | Émile Nelligan, Hector de Saint-Denys Garneau, Anne Hébert | Québec et Canada | | Culture, politique et société |
	Vies et œuvres	Culture	Politique et société	Dans le monde
1995	*Aurélien, Clara, Mademoiselle et le Lieutenant anglais*, récit d'Anne Hébert. *Œuvre poétique*, d'Anne Hébert. *Œuvres en prose*, de Saint-Denys Garneau, édition critique.	*Sans bord sans bout du monde*, poèmes d'Hélène Dorion. *Une main contre le délire*, poèmes de Claudine Bertrand.	Défaite du oui au second référendum sur l'avenir du Québec. Démission de Jacques Parizeau.	*La fable et le fouet*, poèmes d'Alain Bosquet.
1996	*Anne Hébert, parcours d'une œuvre*, colloque à la Sorbonne. Création du Centre Anne-Hébert à l'Université de Sherbrooke. Anne Hébert y verse ses manuscrits.	*Poèmes contre la montre*, de Carl Coppens. *L'acier le bleu*, poèmes de Denise Desautels. *La main ouverte*, poèmes de Jean Royer.	Lucien Bouchard, chef du Parti québécois et premier ministre du Québec (1995-2000).	*Possibles futurs*, poèmes (1982-1994), d'Eugène Guillevic.

TABLEAU CHRONOLOGIQUE 317

Année	Émile Nelligan, Hector de Saint-Denys Garneau, Anne Hébert — Vies et œuvres	Culture (Québec et Canada)	Politique et société (Québec et Canada)	Culture, politique et société — Dans le monde
1997	Poèmes pour la main gauche, dernier recueil de poésie d'Anne Hébert.	La part de feu, poèmes de Suzanne Jacob*. Romans-fleuves, poèmes de Pierre Nepveu.		Anthologie personnelle, poèmes de Vénus Khoury-Ghata.
1998	Retour d'Anne Hébert à Montréal. Musique sur Saint-Denys Garneau, CD du groupe Villeray.	Être femmes, poèmes de femmes du Québec et de France, présentés par Claudine Bertrand et Patricia Latour.		L'ajour, poèmes d'André du Bouchet.
1999	Le prix France-Québec/Jean Hamelin est décerné à Anne Hébert pour son dernier roman, Un habit de lumière. Le Centre Anne-Hébert fonde Les Cahiers Anne Hébert et organise un premier colloque annuel, Anne Hébert et la modernité.	Vetiver, poèmes de Joël Des Rosiers. La marche de l'aveugle sans son chien, poèmes de Normand de Bellefeuille. Périphéries, poèmes de Paul Bélanger.		La paix saignée, précédé de Contrées du corps natal, poèmes de Marie-Claire Bancquart. Registre, poèmes de Robert Marteau.

| | Émile Nelligan, Hector de Saint-Denys Garneau, Anne Hébert | Québec et Canada | | Culture, politique et société |
| | | | | |
Année	Vies et œuvres	Culture	Politique et société	Dans le monde
2000	Décès d'Anne Hébert. *Anne Hébert, 1916-2000*, film de Jacques Godbout. *L'univers de Saint-Denys Garneau: le peintre, le critique*, exposition au Musée des beaux-arts de Joliette.	*Les ombres portées*, poèmes de Paul Chanel Malenfant. *Le visage des mots*, poèmes de Jean Royer.		*La raison poétique*, poèmes de Michel Deguy.
2001			Bernard Landry devient premier ministre du Québec.	
2003	Inauguration du Centre Hector-de-Saint-Denys-Garneau à l'Université Laval.	*Lignes aériennes*, poèmes de Pierre Nepveu.	Le libéral Jean Charest devient premier ministre du Québec.	

Année	Émile Nelligan, Hector de Saint-Denys Garneau, Anne Hébert	Québec et Canada		Culture, politique et société
	Vies et œuvres	Culture	Politique et société	Dans le monde
2006	*Filiation : Anne Hébert et Hector de Saint-Denys Garneau*, exposition au Musée des beaux-arts de Sherbrooke. *Approches de Saint-Denys Garneau*, journée d'étude à l'Université Laval.	*Moments fragiles, choses frêles*, poèmes (1983-2000), d'Hélène Dorion. *Ailleurs en soi*, poèmes de Claudine Bertrand.	Le gouvernement fédéral de Stephen Harper reconnaît que le Québec constitue une nation.	*Coudrier*, de Jacques Dupin. *Le sens de la visite*, de Michel Deguy.

BIBLIOGRAPHIE

ÉMILE NELLIGAN
Œuvres
NELLIGAN, Émile, *Poésies complètes*, Montréal, Fides, coll. « Le Nénuphar », 1952.

————, *Poésies*, préface de Louis Dantin, postface, chronologie et bibliographie de Réjean Beaudoin, Montréal, Boréal, coll. « Compact classique », 1996.

————, *Œuvres complètes I. Poésies complètes 1896-1941*, édition critique établie par Réjean Robidoux et Paul Wyczynski, Montréal, Fides, coll. « Le Vaisseau d'Or », 1991.

Ouvrages consultés
BEAUDOIN, Réjean, *Une étude des poésies de Nelligan*, Montréal, Boréal, coll. « Les Classiques québécois expliqués », 1997.

CAMBRON, Micheline (dir.), *La vie culturelle à Montréal vers 1900*, Montréal, Fides, Bibliothèque nationale du Québec, 2005.

CAMBRON, Micheline et François HÉBERT, *Les soirées du Château de Ramezay de l'École littéraire de Montréal*, Montréal, Fides, 1999.

MICHON, Jacques, *Émile Nelligan. Les racines du rêve*, Montréal, Les Presses de l'Université de Montréal, 1983.

ROBIDOUX, Réjean, *Connaissance de Nelligan*, Montréal, Fides, 1992.

THIBODEAU, Serge Patrice, *L'appel des mots*, Montréal, l'Hexagone, 1993.

Vanasse, André, *Émile Nelligan. Le spasme de vivre*, Montréal, XYZ éditeur, coll. « Les grandes figures », 1996.

Wyczynski, Paul, *Nelligan. 1879-1941. Biographie*, Montréal, Fides, 1987.

————, *Émile Nelligan. Sources et originalité de son œuvre*, Montréal, Les Éditions de l'Université d'Ottawa, 1960.

————, *L'École littéraire de Montréal*, Archives des lettres canadiennes, tome II, Montréal et Paris, Fides, 1972.

————, *Poésie et symbole*, Montréal, Librairie Déom, coll. « Horizons », 1965.

Discographie

« Leyrac chante Nelligan », CD 3, *Leyrac. La diva des années 60*, Analekta, 2007.

HECTOR DE SAINT-DENYS GARNEAU
Œuvres

Garneau, Hector de Saint-Denys, *Œuvres*, édition critique par Jacques Brault et Benoît Lacroix, Montréal, Les Presses de l'Université de Montréal, coll. « Bibliothèque des lettres québécoises », 1971.

————, *Poésies complètes*, Montréal, Fides, coll. « Le Nénuphar », 1949.

————, *Journal*, Montréal, Beauchemin, 1963.

————, *Lettres à ses amis*, Montréal, HMH, coll. « Constantes », vol. 8, 1967.

————, *Œuvres en prose*, édition critique établie par Gisèle Huot, Montréal, Fides, 1995.

————, « L'art spiritualiste », *La Relève*, Montréal, vol. 1, n° 3.

Ouvrages consultés

Blais, Jacques, *Saint-Denys Garneau*, Montréal, Fides, coll. « Dossier de documentation sur la littérature canadienne-française », 1971.

————, *Saint-Denys Garneau et le mythe d'Icare*, Sherbrooke, Cosmos, 1973.

BOURNEUF, Roland, *Saint-Denys Garneau et ses lectures européennes*, Québec, Presses de l'Université Laval, coll. « Vie des lettres canadiennes », n° 6, 1969.

BROCHU, André, *Saint-Denys Garneau. Le poète en sursis*, Montréal, XYZ éditeur, coll. « Les grandes figures », 1999.

LE MOYNE, Jean, « Saint-Denys Garneau, témoin de son temps », *Convergences*, Montréal, HMH, 1961, p. 219-241.

MELANÇON, Benoît et POPOVIC, Pierre (dir.), *Saint-Denys Garneau et La Relève*, Actes du colloque tenu à Montréal, le 12 novembre 1993, Fides – CETUQ, 1994.

Articles de revues

ÉLIE, Robert, « La poésie de Saint-Denys Garneau », *L'Action universitaire*, vol. XVI, n° 1, octobre 1949, p. 39.

HÉBERT, Maurice, « Regards et jeux dans l'espace », *Le Canada français*, vol. XXVI, n° 5, janvier 1939, p. 464-477.

NEPVEU, Pierre « La prose du poète », *Études françaises*, hiver 1984- 1985, vol. 20, n° 3, p. 15-27.

LACROIX, Benoît, « Sa bibliothèque privée », *Études françaises*, hiver 1984-1985, vol. 20, n° 3, p. 97-111.

La Relève, « Positions », Montréal, 1934, deuxième cahier, p. 2.

La Relève, Montréal, 1937, IV, 3e série.

La Nouvelle Relève, « Hommage à Saint-Denys Garneau », Montréal, décembre 1944, vol. III, n° 9.

LEMAIRE, Michel, « Métrique et prosaïsme dans la poésie de Saint-Denys Garneau », *Voix et Images*, automne 1994, n° 58, p. 73-84.

Discographie

Saint-Denys Garneau. Poèmes choisis, lus par P.-A. Bourque, musique de Violaine Corradi, cassette, Le Noroît, 1993.

Villeray, *Musique sur Saint-Denys Garneau*, avec « Sauvez-le », poème préface de Pierre Morency, CD, 1998, réédité en 2007.

Sitographie

http://www.saintdenysgarneau.com

ANNE HÉBERT
Œuvres

HÉBERT, Anne, *Les songes en équilibre*, Montréal, Les Éditions de l'Arbre, 1942.

————, *Poèmes. Le tombeau des rois et Mystère de la parole*, Paris, Le Seuil, 1960.

————, *Œuvre poétique 1950-1990*, Montréal, Boréal Compact, 1993.

Ouvrages consultés

BISHOP, Neil, *Anne Hébert, son œuvre, leurs exils*, Talence, Presses universitaires de Bordeaux, 1993.

BROCHU, André, *Anne Hébert. Le secret de vie et de mort*, Ottawa, Les Presses de l'Université d'Ottawa, 2000.

DUROCQ-POIRIER, Madeleine *et al.*, *Anne Hébert, parcours d'une œuvre*, Colloque de Paris III et Paris IV-Sorbonne, mai 1996, Montréal, L'Hexagone, 1997.

HARVEY, Robert, *Poétique d'Anne Hébert. Jeunesse et genèse*, suivi de *Lecture du Tombeau des rois*, Montréal, L'instant même, 2000.

HÉBERT, Anne et Franck SCOTT. *Dialogue sur la traduction, à propos du « Tombeau des rois »*, Montréal, HMH, coll. « Sur parole », 1970.

LACÔTE, René, *Anne Hébert*, Paris, Pierre Seghers, 1969.

LEMIEUX, Pierre-Hervé, *Entre songe et parole. Structure du* Tombeau des rois *d'Anne Hébert*, Ottawa, Éditions de l'Université d'Ottawa, 1978.

PAGÉ, Pierre, *Anne Hébert*, Montréal, Fides, coll. « Écrivains canadiens d'aujourd'hui », 1965.

Articles de revues

BROCHU, André, « Anne Hébert ou la matière créatrice », *Dimensions poétiques de l'œuvre d'Anne Hébert*, *Les Cahiers Anne Hébert*, n° 5, Université de Sherbrooke/Fides, 2004, p. 11-29.

HARVEY, Robert, « Réception et récupération du *Tombeau des rois* », *Anne Hébert et la critique, Les Cahiers Anne Hébert*, nº 4, Université de Sherbrooke/Fides, 2003, p. 47-66.

LAPOINTE, Jeanne, « Quelques apports positifs de notre littérature d'imagination », *Cité libre*, octobre 1954, p. 17-36.

————, « Mystère de la parole, par Anne Hébert », *Cité libre*, avril 1936, XIIᵉ année, nº 36, p. 21-22.

LASNIER, Michelle, « Anne Hébert, la magicienne », *Châtelaine*, avril 1963, p. 72-76.

LEBRUN, Paule, « Les sorcières », *Châtelaine*, novembre 1976, p. 42.

MONGEON, Pascale, « Réceptions française et québécoise de *Poèmes* d'Anne Hébert en 1960-1961 », *Dimensions poétiques de l'œuvre d'Anne Hébert, Les Cahiers Anne Hébert*, nº 5, Université de Sherbrooke/Fides, 2004, p. 31-48.

VANASSE, André, « L'écriture et l'ambivalence, une entrevue avec Anne Hébert », *Voix et Images*, Montréal, vol. VII, nº 3, printemps 1982, p. 441-448.

Filmographie

GODBOUT, Jacques, *Anne Hébert 1916-2000*, Montréal, Office national du film du Canada, 2000.

Sitographie

http://www.anne-hebert.com
http://usherbrooke.ca/centreanne-hebert

Ouvrages généraux

BESSETTE, Gérard. *Une littérature en ébullition*, Montréal, Éditions du Jour, 1968.

BLAIS, Jacques, *De l'ordre et de l'aventure. La Poésie au Québec de 1934 à 1944*, Québec, Les Presses de l'Université Laval, coll. « Vie des lettres québécoises », 1975.

DUMONT, François, *La poésie québécoise*, Montréal, Boréal, coll. « Boréal express », 1999.

LACOURSIÈRE, Jacques, *Histoire du Québec*, présentation des poètes par Jean Royer, Montréal, Henri Rivard éditeur, 2001.

LAURIN, Michel, *Anthologie de la littérature québécoise*, Anjou, CEC, 3ᵉ édition, 2007.

LINTEAU, Paul-André, René DUROCHER et Jean-Claude ROBERT, *Histoire du Québec contemporain*, Montréal, Boréal Express, 1979.

MAILHOT, Laurent et Pierre NEPVEU, *La poésie québécoise. Anthologie*, Montréal, Typo, 1990.

MARCOTTE, Gilles, *Le temps des poètes*, Montréal, HMH, 1969.

ROYER, Jean, *Introduction à la poésie québécoise. Les poètes et les œuvres des origines à nos jours*, Montréal, Bibliothèque québécoise, 1989.

Sur *La Relève*
Ouvrages consultés

BÉLANGER, André-J., *Ruptures et constantes*, Montréal, Hurtubise HMH, coll. « Sciences de l'homme et humanisme », Montréal, 1977.

FALARDEAU, Jean-Charles, *Notre société et son roman*, Montréal, HMH, 1972.

Articles de revues

MARCOTTE, Gilles, « Sur l'essai québécois contemporain. Les années trente : de Monseigneur Camille à *La Relève* », *Voix et Images*, printemps 1980, vol. 3, p. 524.

PELLETIER, Jacques. « *La Relève* : une idéologie des années 1930 », *Voix et Images du pays*, V, 1972, Presses de l'Université du Québec, p. 69-139.

Ouvrages divers
Procédés stylistiques et grammaire

AQUIEN, Michèle, *Dictionnaire de poétique*, Paris, Livre de poche, coll. « Les Usuels de Poche », 1993.

ARCAND, Richard, *Les figures de style*, Montréal, Les Éditions de L'homme, 2004.

BACRY, Patrick, *Les figures de style*, Paris, Belin, coll. « Sujets », 1992.

BATAÏNI, Marie-Thérèse et Marie-Josée DION, *L'analyse littéraire. Un art de lire et d'écrire*, Mont-Royal, Modulo, 1997.

CHARTRAND, Suzanne-G. et autres, *Grammaire pédagogique du français contemporain*, Boucherville, Graficor, 1999.

GRAMMONT, Maurice, *Petit traité de versification française*, Paris, Armand Colin, coll. « U », 1965.

Mythes et symboles

CHEVALIER, Jean et Alain GHEERBRANT, *Dictionnaire des symboles*, Paris, Robert Laffont, coll. « Bouquins », 1994.

DURAND, Gilbert, *Les structures anthropologiques de l'imaginaire*, Paris, Dunod, 1969.

GRAVES, Robert, *Les mythes grecs*, Paris, Fayard, le Livre de Poche, coll. « La Pochothèque », 1967.

Table

ÉMILE NELLIGAN
L'âme du poète
    Clair de lune intellectuel 9
    Mon âme 10
    Le Vaisseau d'Or 11
Le jardin de l'enfance
    Devant mon berceau 12
    Devant le feu 13
    Ma mère 14
    Devant deux portraits de ma mère 15
    Le jardin d'antan 16
    Ruines 18
Amours d'élite
    Rêve d'artiste 19
    Placet 20
    Châteaux en Espagne 21
    Beauté cruelle 22
Les pieds sur les chenets
    Soir d'hiver 23
    Hiver sentimental 24
    Mazurka 25
Virgiliennes
    Rêve de Watteau 26
    Jardin sentimental 27
    Violon de villanelle 28
Eaux-fortes funéraires
    Les corbeaux 29
    Banquet macabre 30

Petite chapelle
    Notre-Dame-des-Neiges.. 31
Pastels et porcelaines
    Paysage fauve.. 33
    Potiche... 34
Vêpres tragiques
    Marches funèbres.. 35
Tristia
    Le lac... 36
    La passante 37
    La romance du vin... 38
Pièces retrouvées
    À une femme détestée.. 40
    Un poète 41
Poèmes posthumes
    Je veux m'éluder.. 42
    Le spectre.. 43

HECTOR DE SAINT-DENYS GARNEAU
Regards et jeux dans l'espace
    Jeux
        C'est là sans appui.. 49
        Le jeu 50
        Nous ne sommes pas 52
        Rivière de mes yeux 53
    Enfants
        Les enfants... 54
        Portrait 56
    Esquisses en plein air
        L'aquarelle 57
        Flûte... 58
        Les ormes 59
        Saules.. 60
        Pins à contre-jour 61

Deux paysages
    Paysage en deux couleurs sur fond de ciel..................... 62
De gris en plus noir
    Spleen 64
    Maison fermée 65
Faction
    Autrefois.. 67
    Faction... 69
Sans titre
    Petite fin du monde 70
    Accueil... 72
    Cage d'oiseau 74
    Accompagnement... 75
Poèmes retrouvés
    Ma maison.. 79
    Lassitude.. 80
    Silence... 81
    Te voilà verbe 82
    Baigneuse 83
    C'est eux qui m'ont tué 84
    Au moment qu'on a fait la fleur................................ 85
    Un poème a chantonné tout le jour........................... 86
    Ma solitude n'a pas été bonne.................................. 87
    Il nous est arrivé des aventures 89

ANNE HÉBERT
Les songes en équilibre
    Tableau de grève... 95
    L'eau... 97
    Terre... 100
    Marine 103
Le tombeau des rois
    Éveil au seuil d'une fontaine 105
    Les grandes fontaines 107
    Les pêcheurs d'eau... 108

Les mains 109
Les petites villes 110
La fille maigre 112
Retourne sur tes pas 114
Une petite morte 115
Il y a certainement quelqu'un 116
Le tombeau des rois 117
Mystère de la parole
Poésie solitude rompue (extraits) 120
Mystère de la parole 123
Survienne la rose des vents 125
Neige 126
La sagesse m'a rompu les bras 127
Trop à l'étroit 129

Dossier d'accompagnement

LE CONTEXTE LITTÉRAIRE 133
L'École patriotique de Québec 133
L'École littéraire de Montréal 134
Historique 134
Influences littéraires 137
Le Parnasse 138
Le symbolisme 138
La Relève 140

ÉMILE NELLIGAN 144
Sa vie 144
Les origines 144
Les études 144
Les lieux favoris 144
Les rapports familiaux 145
La découverte de l'art 145
L'École littéraire de Montréal 146

Les guides 147
L'asile 147
La diffusion de son œuvre................................ 148
L'œuvre étudiée 150
La composition de l'œuvre 150
    I. « L'âme du poète » 150
    II. « Jardin d'enfance » 151
    III. « Amours d'élite » 151
    IV. « Les pieds sur les chenets » 151
    V. « Virgiliennes » 151
    VI. « Eaux-fortes funéraires » 152
    VII. « Petite chapelle » 152
    VIII. « Pastels et porcelaines » 152
    IX. « Vêpres tragiques » 153
    X. « Tristia » 153
    XI. « Pièces retrouvées » 153
    XII. « Poèmes posthumes » 154
Les thèmes.. 154
    L'enfance.. 154
    L'amour 155
    L'idéal.. 157
    Le mal de vivre 158
    L'art... 161
L'écriture 163
    Les poèmes à forme fixe............................. 163
    La musicalité du vers.................................. 164
        Le rythme 165
        Les sonorités 166
    Le don de l'image...................................... 166
    Les tonalités 168
La réception de l'œuvre.................................. 168

HECTOR DE SAINT-DENYS GARNEAU 172
Sa vie 172
Les origines 172

L'élève au talent précoce 173
Perspectives d'avenir 173
Le chroniqueur, l'artiste et le poète 174
Les voyages 175
Lectures 176
Les dernières années 176
Le silence et la mort 177
La diffusion de son œuvre 177
L'œuvre étudiée 179
La composition 179
Regards et jeux dans l'espace 179
Poèmes retrouvés 181
Les thèmes 181
L'enfance 181
La nature 182
L'amour 184
L'art 185
La souffrance 189
L'écriture 191
Le vers libre 191
La musicalité des vers 192
Le rythme 192
Les sonorités 192
Le lexique 193
La syntaxe 193
Les images 194
Les tonalités 195
La réception de l'œuvre 196

ANNE HÉBERT 200
Sa vie 200
Les origines 200
L'amour de la littérature 201
L'amour de la nature 202
Les premiers écrits 202

Paris 203
Une existence vouée à l'écriture 204
La diffusion de son œuvre.. 205
L'œuvre étudiée 207
Les thèmes.. 207
L'intériorité.. 207
La présence au monde 210
La révolte 212
La poésie 213
L'écriture 216
Le vers libre 216
La musicalité des vers.. 216
Le rythme 216
Les sonorités 217
La syntaxe 218
Le lexique.. 218
Les images.. 219
La réception de l'œuvre 221

LES POÈMES EN QUESTIONS.. 224
Les poèmes d'Émile Nelligan 224
Les poèmes d'Hector de Saint-Denys Garneau................ 242
Les poèmes d'Anne Hébert.. 259

VERS LA DISSERTATION CRITIQUE 275
Sujet de dissertation critique portant sur un seul poème . 275
Sujets de dissertation critique portant sur deux poèmes .. 277
Sujets de dissertation critique comparative entre
deux poèmes 282
Sujets de dissertation critique comparative entre
trois poèmes 293

Tableau chronologique 299

Bibliographie 321

DANGER

LE
PHOTOCOPILLAGE
TUE LE LIVRE

PROTÉGEONS
NOS FORÊTS

Deuxième tirage

Cet ouvrage
composé en Minion corps 10,5
a été achevé d'imprimer
en juin deux mille neuf
sur les presses de

(Québec), Canada.